U0571364

管理研究与实践的互动关系研究：
基于场域与效能的探索

乐国林 毛淑珍 刘 明 陈 敏 等◎著

Exploring the Interactive Relationship between Management Study and Practice:
Based on the Perspective of Field and Effectiveness

经济管理出版社
ECONOMY & MANAGEMENT PUBLISHING HOUSE

我从未接受将研究对象的理论构建与一组实践程序——没有这些实践程序，理论就算不上真正的知识——相分离的观念
　　　　　　　　　　——（法国）皮埃尔·布迪厄（1986）

本书属于山东省社科规划重点课题结题成果（13BGLJ03）、教育部人文社科规划课题（16YJA630023）成果之一

课题组主要成员

乐国林　毛淑珍　陈　敏

刘　明　王　菲　陈公行

曾海容　厉　超　李洪涛

图书在版编目（CIP）数据

管理研究与实践的互动关系研究：基于场域与效能的探索 / 乐国林等著. —北京：经济管
理出版社，2017.11

ISBN 978-7-5096-5396-8

Ⅰ. ①管… Ⅱ. ①乐… Ⅲ. ①企业管理—研究 Ⅳ. ①F272

中国版本图书馆 CIP 数据核字（2017）第 249046 号

组稿编辑：申桂萍

责任编辑：侯春霞 高 娅

责任印制：黄章平

责任校对：王淑卿

出版发行：经济管理出版社
　　　　　（北京市海淀区北蜂窝 8 号中雅大厦 A 座 11 层　100038）

网　　　址：www. E-mp. com. cn

电　　话：(010) 51915602

印　　刷：玉田县昊达印刷有限公司

经　　销：新华书店

开　　本：720mm×1000mm/16

印　　张：13.25

字　　数：204 千字

版　　次：2017 年 11 月第 1 版　　2017 年 11 月第 1 次印刷

书　　号：ISBN 978-7-5096-5396-8

定　　价：58.00 元

序一

管理研究与实践的"应然关系",几乎所有的管理者和管理学者都非常明确:管理理论应当来自实践并接受实践的检验,而管理实践需要理论思想的启发与指引。这既是管理学的学科属性所决定的,也是商业实践健康可持续所必需的。然而,长期以来,管理研究与实践的"实然关系"却有着复杂而纠结的表现。这个"纠结",大家也有比较一致的说法,那就是当下所称的"脱节"现象或问题。我在2017年的一个访谈里,谈到这个现象时,将其归纳为"管理实践者在相互交流的时候总觉得难以总结规律,管理研究者在现实商战里又往往一筹莫展"。

关于管理研究与实践脱节问题,有许多的学者对此做了分析探讨,乐国林跟着我做博士后研究时,开始围绕管理实践参与这个问题的探索和研究,我们有许多探讨并共同形成了文字。我也鼓励他广泛参与研究和实践兼有的工作和活动,比如中国·实践·管理论坛、中国管理模式杰出奖理事会等。他本人也非常积极地投入到研究与实践相结合的工作中,体会角色转换的心灵激荡和知行磨合,这应当是他在该课题当中所专论的"场域惯习"的形塑吧。

该课题成果没有把管理研究与实践之间所表现出的复杂纠结问题局限在管理学学科领域,而是跨越了管理学与社会学之间的界限,运用社会学领域大师皮埃尔·布迪厄的场域惯习理论来讨论二者关系出现问题背后的"结构力量"(或变量),揭示两个场域内部位置争夺的因素,比如资本、主体惯习、认知等在左右着知识产出与应用的"质"与"形"的变化,并由此产生彼此的场域区隔与冲突,最后表现为"脱节"现象。这是非常有新意的地方之一。进一步,这些因素也在左右着管理研究成果是否有实践的"效能",左右着"知识就是生产力"的发挥。这就是该书后续所探讨的管理研究成果的效能问题。书中经过理论分析和专家调研所提出的管理研究成果向实践场域转化的效能评价指标体系，为研究者和实践者提供了弥合二者距离的一个指标框架。

　　管理研究与实践脱节的背后有着复杂的结构因素，这些因素影响着研究者和实践者的动机、决策和行动，并由此形成了刚性的惯习。要弥合两者的鸿沟需要在学术与实践两个场域、研究者与实践者两个主体间同时发力。在这项研究中作者提出提高管理研究场域与实践场域之间对接的自主性，为两个场域的互动提供了一个有效的平台，提供了两个场域的相容性激励目标，建立了两个场域主体认同的管理理论"研究和应用"的效能评价指标，使研究者与管理者拥有共同的场域行动体验和经历。简而言之，就是要在两端围绕知识的生产和生产力进行"场域治理"。

　　随着互联时代的到来，特别是新技术、新商业模式、新潮流的不断涌现与迭代，管理实践创新和管理理论发展在机会和挑战方面越来越"同频共振"，互联技术创造的各种平台、工具和传媒让两个场域的群体贴得更近，双方对话的欲望与行动越来越明显，我们学者和企业界朋友们一起设立的"中国管理模式杰出奖"理事会平台，也是让两个场域目标相容、同频共振的一种积极作为。从这一点来说，国林他们所提供的成果，为学者与企业家如何更好地相互理解从而协同合作提供了一种理论支持，可以说这本书出版得恰是时候。我也希望国林和他的团队能够围绕实践和研究，贡献更多有价值的成果。

陈春花

北京大学国家发展研究院管理学讲席教授

2017 年 10 月 11 日

序二
本是同源体，无须故分离

大约 10 年前，在一个学术高峰论坛上，我看到了令人尴尬的一幕。一位企业家在台上激情演讲，他对当下的管理研究给予了激烈的批评，认为管理研究与管理实践"脱节严重"，管理学者的研究成果企业家们根本看不懂。不料，台下一位学者突然站起来，打断他的演讲，反问道："你所采取的管理实践有哪些不能被管理理论所解释？"这位企业家竟也一时无语，很难回答这个问题，场面一时陷入尴尬。主持人打圆场，说企业家来参加学术论坛不是来制造矛盾和冲突的，而是来交朋友的，是为了提高管理研究的实用价值。

十余年过去了，管理研究与管理实践之间的关系并没有因那场激烈的争执而有很大的改变，似乎二者之间的"脱节"现象越来越严重，其背后的原因比较复杂。乐国林教授的这项研究可谓恰逢其时，这项研究尝试从引入"场域惯习"这一跨学科的社会理论来探索管理研究与实践之间的关系问题，并通过"效能"这一变量来研究管理成果转化的问题，切中了要害，研究中发现了不少让人"耳目一新"的成果和亮点。

在我看来，管理研究者和实践者表面上属于两个不同的"圈子"，即不同的"场域"，但从本质上来看，这两个圈子的根本目的是一致的，即通过管理提升组织的绩效（效能）。就如同乐国林等人在研究中所指出的："管理研究场域与管理实践场域是相互独立但又相互影响的。虽然它们具有明显不同的资本和惯习，但是两个场域都因此共同关注'管理'这一人类最广泛存在的活动与现象，而联系在一起，并且管理的研究与实践尽管场域结构差异大，但又存在通过相互吸纳而实现发展进步的互动关系"。

我将管理研究与管理实践之间的关系视为"同源体"，它们处在共同的

"生态价值网"之中，二者的本源目的是相同的，通过管理创造价值，改变世界，推动人类的进步。但两个圈子处在"生态价值网"的不同位置，我们应以包容的心态来对待两个圈子目前存在的差异，因为两个圈子的主体不同、研究视角不同、关注的问题不同、研究方法不同，相应地，效能评价标准也不同。管理研究者重在管理理论和管理知识的创造，管理实践者重在理论和知识的应用，它们不是矛盾的双方，而是相辅相成、相得益彰的。本项研究从知识管理的角度解释了两个"场域"之间的作用机制、协同机制和评价价值，用知识转化来衡量管理研究的效能，非常有价值，其研究结论值得两个"圈子"的人深思。

不同于其他学科，管理学科既是科学，又是艺术；既重理论，又重实践。检验管理理论、管理实践有效性的唯一标准是"价值创造"，而创造"最大化的价值"需要将管理理论研究和管理实践有机融合起来，这也需要理论上的支持，乐国林等人的这项研究不仅为二者的融合提供了非常有价值的研究成果，更开启了一个新的研究领域，期待他们未来继续深入研究，为有效解决管理研究与管理实践的"脱节"这一难题提供更多的成果。

末了，我用下面几句话来祝贺乐国林等人取得的研究成果，也期待和他们一起共同推动"中国管理模式"的研究和发展。

"管理理论瀚如烟，连通实践似登天。无融便成空，徒迷虚梦中。本是同源体，无须故分离。何处是玄机？知行两合一"。

曹仰锋

香港创业创新研究院研究员

北京大学光华管理学院管理实践教授

2017 年 11 月 3 日

前　言

近年来，我国管理学界的许多学者加入到探索管理研究与管理实践关系中，尤其是分析"脱节现象"的行列，并贡献了许多研究成果，大大加强了研究者对管理实践问题的关注，并提升了研究者对话实践的能力。不过，在梳理这些成果后，笔者仍然能发现对管理研究与实践关系的分析，主要还是停留在管理学科和研究者自我批判的范畴内，缺乏一个更广阔的学科视野，并且对管理研究与实践是贴近还是脱节缺乏评价准则与指标。基于此，本书尝试从引入"场域惯习"这一跨学科的社会理论来探索管理研究与实践、管理知识与研究成果向实践转化的关系与问题，并引入"效能与效能评价"理念，探索管理理论与研究向实践转化的评价问题。

从存在的问题和新的研究视角出发，第一，回顾和分析管理研究与实践之间的关系，主要是对其中有关管理研究与实践的脱节问题进行综述分析，指出现有研究中的问题，提出本书的两个视角——场域惯习和效能。第二，对本书涉及的理论基础和应用价值进行综述分析。第三，根据场域惯习理论从场域主体视角分析管理研究主体和管理实践主体的构成、特征与关系。第四，基于管理场域的主体必须在场域结构情境与关系中行动，因而，需要分析两个场域中的关系结构。第五，在分析主体和场域结构之后，需要重点分析的是管理研究场域的"知识产出"向实践场域输出，即"转化"中的效能问题。第六，应用场域主体、场域结构和管理知识实践转化的效能知识可以深入并创新性地探讨管理研究与实践面临的难题与问题，并以"目标管理理论实践转化的影响因素"的实证分析为案例，从场域情境角度确证了两者互动关系的难题与问题。第七，在前述研究的基础上从管理研究场域的实践、行动科学在实践转化中的嵌入、效能共识的关系建设等方面提出增强二者互动关系的对策建议。

通过对上述问题的研究，本书得到以下见解和结论：第一，通过对管理研究与管理实践两个不同场域之间存在的结构、惯习和资本差异的分析，揭示了管理研究与管理实践之间"脱节"问题的知识社会学逻辑。第二，从两个场域的结构、惯习和资本特征出发，提出了管理理论或研究成果向实践转化的一般路径，并分析这一过程中存在的场域惯习障碍，如场域结构僵化、主体反思性缺失、转化机制不稳定、内部转化障碍等。第三，通过对效能的内涵和特点的研究，从管理理论向实践转化的整个过程出发，将管理理论向实践转化的效能分为三个部分：一是管理研究实践预期效能；二是转化过程效能；三是实践应用结果效能。

　　本书可能的创新主要体现在三个方面：第一，引入社会学理论中的"场域惯习"视角，研究管理研究与管理实践之间存在的结构性差异。从场域惯习、资本与资源的情况以及内部竞争关系的差异来解释管理研究与实践的差异，并从中构建了两个场域成果的转化机制，这对从根本上解决管理理论与实践脱节的问题提供了新的思路。第二，提出管理研究与实践两个领域中场域惯习的内涵，探索两个场域的结构差异，提炼了研究成果从研究场域向实践转化的一般模式，继而提出场域惯习视角下管理研究向实践转化的障碍分析框架。指出结构性匹配、非相容性问题、场域惯习冲突是两者不兼容乃至脱节现象的知识社会学本质，它们统领着管理研究与实践冲突乃至脱节的各种现象层解释。第三，引进了"效能"的理念和效能评价体系来研究管理理论与实践的转化关系和脱节的问题。当前，探讨管理研究与管理实践的脱节问题以及管理研究成果（理论）向实践转化的效果时，多数文章属于规范性研究和非系统化分析，缺乏定量分析的系统框架和评价指标。本书引用了效能和效能评价的概念，对管理研究成果向实践场域转化的整个过程中的效能进行研究，提出影响效能目标实现的因素，构建效能评价指标。通过科学、合理的方法构建了衡量管理理论成果向实践场域转化的效能指标体系，不仅能够解决管理理论实践转化效能低的问题，而且提出了一个新的研究视角，同样为实践者应用管理理论和评价管理理论提供了良好的理论工具。

目　录

第一章　导　论

虽然从管理学科的属性来说，管理学是理论性与实践性的统一，二者不可分割。但现实中，管理研究与实践的关系是当下研究者和实践者面临的共同难题。有关二者的脱节现象或者脱节的争议，是两个场域持续关注的热点和难点问题。

第一节　研究背景

在管理的学科属性中，管理的知识性（理论性）与实践性都是其不可或缺的属性，并且二者应具有统一性，这一点是广为人知的共识。而管理学宗师德鲁克更认为管理不仅在于知而且在于行。管理学"真正的功用是将复杂、专业化的东西落实到行动上"①。由此看来，管理学作为一门实践导向的社会科学，其理论、知识和工具应当比其他学科包含更多的实践价值判断与选择。②不过，管理研究的实际状况和管理实践的复杂多样，又常使这两种属性产生失调与脱节的状态。

一、管理研究与实践脱节的现实

工商企业界对管理科学与理论帮助其改进和提高经营管理实效充满了期

---

① Magretta J., Stone N. What Management Is [M]. The Sagalyn Literary Agency，2002.

② Whitley R. The Scientific Status of Management Research as a Practically-Oriented Social Science [J]. The Journal of Management Studies，Maryland，MD，1984，21（4）：369-390.

待，这一点从工商管理教育的长久繁荣、管理咨询行业的勃兴、企业对新管理理念的追逐热潮中就能了解他们的需求和希冀。然而，管理科学理论研究，甚至工商管理教育脱离公司企业经营管理实际和管理理论与知识不能达到解决所对应实践问题的现实，使越来越多的企业家、经理人员乃至相当一部分管理研究者越来越怀疑管理科学和理论研究的实践效用和科学价值[1]。早在 20 世纪五六十年代，管理宗师德鲁克就指出，"当管理科学首次出现时，管理人员曾经为之欢呼，从那以后，出现了一种崭新的专业人员——管理科学家……但是管理科学却使人失望，并没有为实际的管理工作者带来革命性的变化。事实上，现在很少有管理人员重视它"。[2] Kelemen 和 Bansal (2002)[3] 对管理研究成果与管理实践关联的分析研究，证实大部分管理研究成果停留在学术期刊，无法与实践者"对话"，只有极少数学者在企业家或经理人员关注的实践期刊上发表过文章。当前管理知识和研究似乎更多地成为学术圈内自我循环和功利价值的知识游戏，没有贴近企业经营现实，提出贴近管理实践的"正确的问题"和"创造可管理实践成效的知识"[4]，因而对工商实践的价值贡献呈现极限递减甚至毫无价值。

二、管理研究与实践脱节问题的产生

管理研究与实践的关系，是当下研究者和实践者，尤其是关注中国本土管理的学者共同关注的难题。不过这个难题在管理科学或者管理理论的早期发展阶段似乎不是难题或者说不是问题。早期的管理研究（如科学管理）及其研究者因与实践紧密关联，如泰勒、法约尔等研究者本身也是企业的管理者，管理研究来源于实践难题，管理研究作为一项技术应用与实践，基本不存在脱节问题。

西方管理学中脱节问题的产生发展与美国大学教育的演进有密切的关联。"二战"后，美国商学院大量吸收受过系统研究训练的实证研究学者，

① 格里斯利·P. 管理学方法论批判——管理理论效用与真实性的哲学探讨 [M]. 刘庆林，王群勇译. 北京：人民邮电出版社，2006.

② 德鲁克·P. 管理使命责任实务（实务篇）[M]. 王永贵译. 北京：机械工业出版社，2007.

③ Kelemen M., Bansal P. The Conventions of Management Research and Their Relevance to Management Practice [J]. British Journal of Management，2002，13（2）：97–108.

④ 陈春花，陈鸿志，刘祯. 管理实践研究价值贡献的评价 [J]. 管理学报，2011，8（6）：791–795.

这些学者往往缺乏实践经验。与此同时，管理研究的评价体系和学术期刊对实证研究推崇备至，甚至只接受定量的实证研究。20世纪60年代后，定量化的实证研究在商学院获得统治地位，自此虽然提高了管理研究的科学化水平，但实践相关性式微，管理研究与实践脱节的问题由此产生。Simon(1967)①较早地认识到了脱节问题，他认为大学追求知识和应用实践两个目标不应当分离。

20世纪70年代后，有学者明确提出管理理论与实践之间存在脱节。Anderson等（2001）②指出从学术期刊中可以看出管理研究在解决实践问题上越来越难以发挥作用，管理研究与实践之间的鸿沟在不断加剧。Beer(2001)③认为管理研究和咨询工作对实践者已经没有效用，其成果也没有得到执行。

三、我国管理研究与实践脱节的由来

就我国管理学科的发展而言，由于学科恢复不是从实践中逐渐发展而来，而是从引进、吸收和模仿西方管理学的理论体系与方法而来，因而容易产生管理理论知识与管理实践之间的隔阂。进一步，西方的管理科学终究是建立在西方文化土壤和管理实践中，它与中国的文化情境和管理实践毕竟有文化差异，容易产生"橘生淮南则为橘，橘生淮北则为枳"的管理理论实践转化的应用"变异"。

当前，我国的管理学者也已经意识到管理知识与实践、西方管理理论与中国管理情境之间的冲突与不调和，尤其是管理研究与实践之间的脱节问题。例如，甘华鸣（2004）④最早简要提出了管理研究与实践之间的脱节，并指出管理规范化是解决脱节的有效方法。罗纪宁（2005）⑤通过中国社会

① Simon H. A. The Business School: A Problem in Organization Design [J]. The Journal of Management Studies, 1967, 4 (1): 1-16.
② Anderson N., Herroit P., Hodgkinson G. P. The Practitioner-researcher Divide in Industrial Work and Organizational (IWO) Psychology: Where Are We Now, and Where Do We Go from Here [J]. Journal of Occupational and Organizational Psychology, 2001 (74): 391-411.
③ Beer M. Why Management Research Findings are Unimplementable: An Action Science Perspective [J]. Reflections, 2001, 2 (3): 58-65.
④ 甘华鸣. 弥合管理理论与实践之间的鸿沟 [J]. 经济导刊, 2004 (4): 82-87.
⑤ 罗纪宁. 创建中国特色管理学的基本问题之管见 [J]. 管理学报, 2005, 2 (1): 11-17.

管理实业界人士的反应也指出了管理研究与实践之间的脱节。管理学部主任郭重庆院士（2008）[①]发表了《中国管理学界的社会责任与历史使命》一文，直言中国管理学界存在"插不上嘴"、"自娱自乐"等弊端。2010年，"中国·实践·管理"论坛更是发出"直面中国管理实践"的号召，主张和呼吁中国管理学界改变管理研究不能直面管理实践，管理的知识产出高、实践产出低的现状。中国管理研究国际学会（IACMR）在2009~2012年关注了情境化角度在中国管理理论发展中的重要性，认为中国管理研究如果能为世界管理贡献新知识，又在更为普遍的文化背景下得到验证和推广，中国管理研究才能走向世界。[②]

四、管理研究与实践的融合期待新的视角

由此在中国管理学界，许多学者加入了探索管理研究与管理实践关系，尤其是分析"脱节现象"的行列，研究者们从研究方法论与方法、管理学科与实践、研究主体、实践相关性与合法性等角度对这一主题做了较为深入的探讨（文献综述部分还将详述）。对这一主题和问题的产生与认识乃至对策与方法方面有了较为深刻的认识。

不过，在梳理这些文献，特别是参与管理实践咨询，并与企业家、经理人沟通时，我们仍然感到管理研究与实践的关系分析，主要还是停留在学科内和研究者自我批判的范畴，终究还是站在一个管理研究者的管理视角。如果我们能跳出这个视角，使用一个跨学科的视角，并将管理研究（者）——实践（者）作为一对主体探索他们的互动关系，并用"效能"来探索管理研究的实践落地评价，这对于减少乃至破除管理研究与实践脱节的魔咒，发展建立于实践之基的管理学科，或许能提供更多有益的启示。这正是本书的出发点所在。

本书引入社会学的场域理论和管理学的效能视角的价值在于：

第一，有助于启发研究者在选题和研究时如何嵌入管理实践场域，启发研究者如何更新自身的研究惯习融入管理实践场域，体察管理实践者的行动

① 郭重庆. 中国管理学界的社会责任与历史使命 [J]. 管理学报，2008，5（3）：14-16.
② 张静，罗文豪，宋继文等. 中国管理研究国际化的演进与展望——中国管理研究国际学会（IACMR）的发展范例与社群构建 [J].管理学报，2016，13（7）：947-957.

惯习，获得管理现象背后的"现象与素材"，有助于研究者根据管理实践主体知识行动惯习，将抽象的管理学术知识进行二次开发，正确而有效地转化为企业可参照、可应用甚至可直接使用的管理问题解决方案，提高管理研究成果向实践迁移的效率和效益。

第二，揭示管理研究实践效用差强人意的另一面（实践者层面），有助于企业家或经理人从实践者场域争夺、惯习抗拒改变、管理知识迁移的组织冲突等方面认识到管理知识转化的异化应用和异化过程，启发管理实践主体在采纳新的管理理念进行管理变革时，如何通过组织场域的关系调整，建立管理变革场域，破除员工惯习障碍，激励新的惯习形成，为管理知识的转化应用创造执行条件，提高组织学习的效能，确保管理知识转化和企业管理变革的成功。

第二节 管理研究与实践互动关系研究文献综述

一、管理研究与实践关系的探讨

在探讨管理研究与实践关系的问题之前，首先要明确管理学的属性。管理学作为一门社会科学，其目的是研究在现有的条件下，如何通过合理地组织和配置人、财、物等因素，提高生产力的水平[①]。由此可以看出，管理学是一门注重应用的学科。这一观点得到了许多管理学者的支持。管理学大师德鲁克就曾说过："管理是一种实践，其本质不在于'知'，而在于'行'。"哈默（2008）[②]认为："管理是一门成熟的技术。"我国的学者也认为"管理学是要用的"（刘源张，2012[③]），管理学是一种应用性学科（高静美，2003）[④]。

---

① 罗珉.管理学范式理论研究 [M].成都：四川人民出版社，2003.
② 哈默·H.，布林·B.管理大未来 [M].陈劲译，北京：中信出版社，2008.
③ 刘源张.中国·实践·管理 [J].管理学报，2012（1）：1-4.
④ 高静美.社会学分析框架下的管理学学科属性 [J].经济管理，2003（22）：10-14.

管理学的知识来自于管理研究，管理学是一种应用性学科，因而管理研究就必然具有一种应用性研究属性。换句话说，管理研究与实践之间必然存在着一种密切的联系，这一联系决定了管理研究产生的知识应当有效地服务于实践。出于对这一问题的考虑，学者们从不同的角度探讨了二者的关系。

赵家祥（2005）[①] 从五个方面阐述了管理理论/研究与实践的关系：第一，理论与实际（或实践）之间的联系往往不是直接的，把理论应用于实际（或实践），需要经过一系列的中间环节。就大的环节而言，要先把理论观念变为实践观念，使它高于对外部世界的真理性认识和普遍性认识，可以促使其直接向现实转化。第二，一个学科最基本的元理论，作为这个学科的基石，是绝对不可或缺的，但它与实际（或实践）的关系却是间接的、不明显的，有的甚至是纯粹逻辑上的设定，可能永远也无法在实际（或实践）中加以应用。第三，一个特定的实际（或实践）往往需要把多门学科的多个理论观点综合起来，才能加以说明，一个理论观点又可能用于说明多个实际（或实践）中的问题。在现实生活中，根本不存在用一个理论观点就可以说明一个实际（或实践）中的问题的情况。如果说这种情况存在的话，也只存在于书本中。第四，把理论应用于实际（或实践）需要具备一定的条件。第五，对于理论对实际（或实践）的指导作用，要有历史观点和长远观点，不可短视，不可近视，不可急功近利。

刘林元（2008）[②] 认为，理论与实践的结合是双向互动的，不仅理论要与实践结合，实践也要与理论结合。他认为理论与实践结合应包括以下几点：理论本身是"结合"的产物；主体把握理论必须以实践为背景和基础；理论转化为实践观念才能直接指导实践在新的实践中检验、丰富和发展理论。在此基础上，对于理论与实践的关系，刘林元指出了理论与实践之间具有互动性、层次性、辩证性的关系：①理论的发展必须通过实践来推动；实践水平的提高离不开理论的指导。②理论与实践相结合也有一个方法论的问题，首先，要把握理论的内涵和适用范围；其次，分析理论所面对的客观实际和指导实践将要产生的效果；再次，制定出一个指导实践、改造世界的实

① 赵家祥. 理论与实践关系的复杂性思考——兼评惟实践主义倾向 [J]. 北京大学学报（哲学社会科学版），2005（1）：5–11.

② 刘林元. 理论与实践相结合的互动性及主要环节 [J]. 学习论坛，2008（10）：27–30.

践观念；最后，用实践结果验证理论的真理性，并总结实践结果发展真理。③理论与实践的结合是以它们相互保持距离为前提的，结合不等于同步。在实践的初始阶段，因为理论的超前性而决定了理论对实践的指导地位；实践过程基本完结后，就需要对实践进行总结，这个总结具有理论意义；在检验实践观念时，看它是否符合理论和实践双方的要求，并给予适当的修正和调整，正式实践后，进行理论的修正和调整。

姜建成（2013）[①]则指出研究与实践的关系存在四种误区，即理论与实践关系认识上的简单化、自发性、片面性和庸俗化。姜建成从马克思主义发展哲学的视角全面分析了理论与实践的四种关系：①互动相通的统一关系。理论与实践可以通过人进行相互转变，这一关系说明理论与实践是可以互动转化的，转化的中介就是人。对于中介，彭启福（2010）[②]从实践哲学的视角做了更为深刻的研究，实践总是涉及可变的事物或事物的可变性，实践者必须借助于理解的具体化在普遍的原则和变动的实际之间进行协调，才能做出合理的行为。因此，理解的具体化成为从理论到实践的必要中介。理解的具体化包括语言的具体化、情境的具体化和问题的具体化。②互辅共生的向度关系。对这一关系的把握要特别注意理论与实践的层次性，理论的层次性因研究主题、时间、地点、条件等不同而层次各异，实践的层次性可以分为盲目性实践、经验性实践、反思性实践、自觉性实践等。③互补增值的发展关系。把理论转化为实践中的观念、方法和制度，协调好理论与实践的关系，形成整体合力。④互惠共赢的价值关系。理论对实践的价值关系在于其指导性，即理论不仅应该是对过去实践的升华总结，还应该对实践做出新的解释预测，能够解决新的问题。实践对理论的价值在于其客观标准性，即实践作为检验理论的标准。

通过对比上述文献的观点，我们对管理理论与实践的关系有以下认知：理论源于实践而又超越实践，对实践有指导作用；实践作为理论发展的源泉和动力的同时，又在检验着实践。具体来说，理论与实践的关系有以下几个

---

① 姜建成. 理论与实践的关系：马克思主义发展哲学的一个基本问题［J］. 当代中国马克思主义哲学研究，2013（0）：301–338.

② 彭启福. 理解与实践——对理论与实践关系的一种诠释学反思［J］. 合肥师范学院学报，2010（2）：49–53，97.

方面要重点理解：①理论与实践以人（主要是指研究者与实践者）作为中介，而研究者、实践者、传播媒介之间存在认知、思维、价值观等多方面的差异。②二者之间的互动及其转化受到情境（时间、地点、条件等）的制约。③二者之间的互动结合可以互为动力，产生价值增值。正如章凯、罗文豪（2017）[①] 在总结第7届"中国·实践·管理"论坛成果时所言，"管理研究的主要目的是建立管理理论，建立理论的目的是揭示优秀的管理实践背后遵循的原理与规律。管理研究作为一种重要的社会实践，理应承担起相应的社会使命和社会责任"。

由此看来，管理理论/研究与实践的互动是极为重要的。如果理论与实践之间缺乏互动，管理研究成果在企业实践领域就难有"用武之地"。那么，脱节现象必然由此产生并加速发展。"脱节"一词的本意是事物之间缺少衔接或无法对接，在此处指的是理论与实践之间的联系较弱，甚至产生冲突与割裂，进而导致生成的管理理论在企业的管理实践中无法产生预期的作用。这无论是对学术界还是对企业都是不利的，也应该是双方需要尽力避免的一种情况。不幸的是，在现实中，管理理论与实践之间缺乏互动已经成为了一种常态，脱节问题始终存在。因此，探讨产生脱节现象的原因，从根本上杜绝这一现象，促进管理研究与实践互动成为管理学界进行理论研究的前提之一。

二、脱节问题及其原因的研究综述

管理研究与实践的脱节已严重阻碍了理论创新和实践发展，脱节问题是当前管理研究与实践之间互动转化研究中的主要关注点。管理学科要发展就必须科学系统地认识和处理好二者的脱节问题。

（一）脱节问题概述

当前对管理研究与实践脱节的界定还没有统一的标准，但是多数国内外学者认为管理研究与实践之间存在较为严重的脱节现象。Pfeffer 和 Fong（2002）[②] 比较了美国《商业周刊》公布的最好的商业书籍来自商学院教师的

① 章凯，罗文豪. 中国管理实践研究的信念与取向——第7届"中国·实践·管理"论坛的回顾与思考 [J]. 管理学报，2017，14（1）：1-7.

② Pfeffer J., Fong C. T. The End of Business Schools? Less Success than Meets the Eye [J]. Academy of Management Learning & Education，2002，1（1）：78-95.

比例，发现来自商学院的比例越来越低。他认为同非学术研究者相比，商学院研究的贡献不大，即商学院的研究较为脱离实际。Kelemen 和 Bansal (2002)① 认为，管理研究作为应用学科，真正能引起实践者关注的管理研究很少，事实上，大部分管理研究都是写给学术同行们阅读的。Shapiro 和 Kirkman (2007)② 在美国管理学会的会员中做的一项调查表明多数被调查者认为存在脱节。孙继伟 (2009)③ 认为，脱节是指理论难以解决实践问题，从理论的来源与去向、应用链、实践者感知、时空适用性四个方面对脱节进行了界定。孙继伟 (2012)④ 认为，管理研究与实践之间典型的关联模式有串联型关联和并联型关联，不属于这两种即是脱节，他也对理论与实践的脱节和理论与实践的分离做了界定。

张玉利 (2008)⑤ 认为，理论与实践是否脱节是根本，学术界与企业界是否脱节是形式，而本质上是由管理实践层面的水平差异决定的，即管理理论一方面表现为先进理论与落后实践的脱节；另一方面表现为滞后于先进的管理实践。席西民等 (2008)⑥ 综述了管理研究与实践隔阂的表现，并在此基础上阐述了管理研究与管理实践独立封闭的自我循环模式。周建波 (2012)⑦ 指出了中国管理环境下，理论与实践脱节的主要表现：理论与实践本身存在着客观脱节；管理环境的特殊性，管理学演化的阶段性脱节；环境形态、知识体系与沟通范式转换带来的脱节。刘松博等 (2013)⑧ 以人力资源管理领域的期刊为样本，运用文献统计法对管理研究与实践脱节的现状进行分析，发坝二者存在一定的脱节，但是脱节的程度呈降低的趋势。

---

① Kelemen M., Bansal P. The Conventions of Management Research and the Irrelevance Management Practice [J]. British Journal of Management，2002，13（3）：97–108.

② Shapiro D. L., Kirkman B. L., Courtney H. G. Perceived Causes and Solution of the Translation Problem in Management Research [J]. Academy of Management Journal，2007，50（2）：249–266.

③ 孙继伟. 管理理论与实践脱节的界定依据、深层原因及解决思路. 管理学报 [J]. 2009（9）：14–17.

④ 孙继伟. 化解管理理论与实践脱节的两种模式 [J]. 管理学报，2012，9（10）：1418–1421，1429.

⑤ 张玉利. 管理学术界与企业界脱节的问题分析 [J]. 管理学报，2008，5（3）：336–370.

⑥ 席西民，肖宏文，郎淳刚. 管理学术与实践隔阂：和谐管理的桥梁作用 [J]. 管理科学学报，2008，11（2）：1–11.

⑦ 周建波. 当代中国管理实践与理论研究的情境模式 [J]. 理论探讨，2012（4）：82–86.

⑧ 刘松博，姜丽，许惠龙. 我国管理学研究与企业实践脱节问题的研究——人力资源管理期刊文献的分析 [J]. 科学学与科学技术管理，2013，34（6）：126–130.

郭安元（2010）①认为，理论研究中的方向迷失造成管理理论的异常混乱，中国管理学研究者的自娱自乐式研究和骗取科研经费的"伪装式"研究应当终止。他认为，由于与实践脱节，管理研究不但没有创造理论价值，反而加剧了管理理论的混乱和管理理论的生态不平衡，导致管理实务界对管理学理论更加厌恶。

管理理论与实践的脱节已是学术界和实践界的共识，尤其饱受实践者诟病，但是实践界并没有减少对理论的需求，所以分析并解决脱节问题具有现实的紧迫性。

（二）脱节的原因

管理研究与实践的脱节不是简单的西方管理学在我国"水土不服"的问题，而是一个多层次、多维度的涉及管理研究从生产到最终应用的整个过程的复杂性问题。当前对管理研究与实践脱节原因的研究主要从管理研究方法、管理研究的生产和转化过程、管理研究评价体系等方面进行综述，并对管理研究的学术合法性和实践相关性这一重要的理论焦点进行探究。

1. 管理研究方法的角度

一些进行实证研究的管理学者走入了形式主义的误区，为实证而实证，脱离了管理实践和现实问题，这是造成管理研究与实践脱节的一个主要原因。

吕力（2010）②认为，尽管脱节问题有其复杂性，但其本质上是一个研究方法论的问题。他将管理理论与实践脱节的"黑板管理学"的来源总结为：概念没有很好地定义导致无法测量的"泛量表式研究"、概念分解中的"伪还原"以及忽视研究结论可操作性的"管理解释学"。

郭毅（2013）③认为，目前管理学者出于学术合法性和学术评审的考虑，多倾向于研究方法而忽视理论建构，管理学科过度科学化容易使管理学研究陷入"管理就是为了实现优化"的思想。罗纪宁（2005）④指出了西方管理

① 郭安元. 对管理学的理解和认识——基于理论的视角 [J]. 当代经济管理，2010，32（8）：1-5.
② 吕力. "黑板管理学"的3个来源 [J]. 管理学报，2010，7（8）：1123-1129.
③ 郭毅. 论管理学者的迷思——一个全球性的而非本土性的现象 [J]. 管理学家学术版，2013（6）：16-26.
④ 罗纪宁. 创建中国特色管理学的基本问题之管见 [J]. 管理学报，2005，2（1）：11-17.

学在研究思路和研究方法上固有的缺陷：西方管理学中割裂性的实证方法把管理这个整体分为管理要素、个体心理与行为等部分进行独立研究，这就导致其研究结论只能对某一管理现象或者局部问题做出解释。韩巍（2009）[①]指出管理学院教师，特别是大多数接受过博士训练的中青年教师，似乎已经不假思索地进行实证研究，习惯性地排斥理论研究、案例研究等。

陈春花（2010）[②]指出，当前管理研究走向了极端，从而使研究"只有方法而没有价值"，即便是在一流学术期刊上发表文章，对中国管理实践也没有多大价值，她认为框定问题优先于界定方法。高婧等（2010）[③]认为，当前国内的研究过分钟情于问卷调查和具有统计学意义的数据处理方法，存在"唯研究方法论"倾向。

管理研究中并不是套用实证方法就可以提升研究水平和研究成果的科学性，实证的方法也不是获得学术合法性的唯一方式。实证方法倡导的是普适的客观规律，重视研究过程的客观化，但是很少用审视和怀疑的眼光来观察自身，而且割裂的实证主义研究无法提出完整的问题解决方案。而实践需要的恰恰是解决问题的整体方案。可以说，实证主义的泛滥加剧了管理研究与实践的脱节。

2. 管理知识生产和转化应用方面

Robbins（1977）[④]从已建立的管理理论在内容上的不足（忽视了组织政治问题）来解释管理理论与实践之间的鸿沟。Vandeven 和 Johnson（2006）[⑤]聚焦管理理论与实践的关系，他认为理论知识与实践知识是两种不同类型的知识，两者之间存在着对立统一的关系。理论与实践的脱节问题是一个"知识生产的问题"。Tranfield 等（2003）[⑥]指出，实践者无法采纳管理研究是因

① 韩巍. 管理学者的使命 [J]. 管理学家学术版，2009（4）：64-68.

② 陈春花. 当前中国需要什么样的管理研究 [J]. 管理学报，2010，7（9）：1272-1276.

③ 高婧，杨乃定，杨生斌. 关于管理学本土化研究的思考 [J]. 管理学报，2010，7（7）：949-955.

④ Robbins P. Reconciling Management Theory with Management Practice [J]. Business Horizons, 1977, 2（2）：181-195.

⑤ Vandeven A. H., Johnson P. E. Knowledge for Theory and Practice [J]. Academy of Management Review, 2006, 31（4）：802-821.

⑥ Tranfield D., Denyer D. & Smart P. Towards a Methodology for Developing Evidence—Informed Management Knowledge by Means of Systematic Review [J]. British Journal of Management, 2003（14）：207-222.

为管理研究很难应用到具体的实践情境中。

在转化应用的过程中，除了实践环境外，实践者对管理研究向实践的转化影响不容忽视。乐国林（2013）①认为，把管理研究与实践脱节的主要原因归结到管理研究上是不妥的，管理人员对管理研究的异化应用是造成管理理论在实践中效用递减甚至失效的主要原因之一。他指出了异化应用的三种表现：割裂内核式应用、改变结构式应用、无条件式应用。

孙继伟（2009）②认为，管理理论脱节实践的外因是考核和晋升的"指挥棒"；内因是管理理论的应用链条偏长，理论贡献难以分离和评估；混合原因是学术语言与群众语言的脱离。孙继伟的这一分析从管理研究的生产和传播两个过程对脱节的原因做了深刻的分析。

彭贺（2011）③把脱节分为无关型、超脱型、落后型、应用型、传递型五种，西方管理理论实践应用的脱节主要存在的是无关型、传递型两种，我国还广泛存在其他三种脱节，他细致地分析了五种脱节的原因。从管理研究的产生到实践应用的整个过程看，前三种属于生产中的脱节，后两种属于转化应用中的脱节。

夏福斌（2015）④从管理学术期刊的角度分析了管理研究与实践脱节的原因，认为当前的管理学术期刊在评审过程和期刊排名机制方面都很难使其实现学术价值、履行实践使命的诉求。

本书认为，管理研究与实践的脱节有其生产上的原因，但从具体的实践来看，在应用转化环节的低效是使管理研究脱节实践更为重要的原因。因此，对脱节问题的研究和处置不仅要关注知识生产环节，还应着重关注知识应用转化环节。

3. 管理研究主体和管理研究的评价

管理研究之所以与实践脱节，与其学术使命、学术价值观、学术评价体系等有很大关联，而学术价值观和学术评价体系会产生相互作用，造成

① 乐国林. 管理理论实践转化中的异化应用现象探析 [J]. 管理学报，2013，10（3）：347-352.

② 孙继伟. 管理理论与实践脱节的界定依据、深层原因及解决思路 [J]. 管理学报，2009（9）：14-17.

③ 彭贺. 管理研究与实践脱节的原因以及应对策略 [J]. 管理评论，2011，23（2）：122-128.

④ 夏福斌. 管理学术期刊的职责和使命——基于管理研究与实践脱节的分析 [J]. 管理学报，2015（9）：1287-1293.

脱节愈加严重。

Weick（2001）[1] 指出，专业学者对实践相关性给予足够的关注，并且没有足够的动力和能力把实践传导到理论。刘源张（2006）[2] 认为，美国经济学家 Alfred S. Eichne 指出的经济学的种种弊病：脱离现实、花哨的数学运作和无意义的结论、自我欣赏、学术垄断等也适用我国当下的管理学界，管理学走上了"论文主义"（Publish or Perish）。

孙继伟（2009）[3] 认为，管理研究者存在"客户迷失"，典型的客户迷失有抛弃客户型、客户倒置型、两头踏空型，客户迷失加剧了脱节问题。孙继伟（2010）[4] 也指出了中国管理学界的三种价值迷失，即内心价值迷失、外部价值迷失以及误把内心价值与外部价值的关系当作你对我错的关系的迷失，并在此基础上指出价值迷失是实践迷失和客户迷失的深层原因。

戚安邦、高跃（2014）[5] 通过构建管理实践问题与理论研究脱节和滞后过程模型得出结论：管理实际工作者与理论研究者之间的脱节是理论研究的滞后性造成的。他指出，脱节的原因主要包括：管理新问题的信息滞后性；管理新问题的自身独特性；管理实际工作者与理论研究者的分割。

金占明、王克稳（2015）[6] 认为，中国管理研究选题存在着"假大空"和"无病呻吟"的误区，即便是发表在顶级管理学期刊上的一些管理研究成果也不能完全避免这一问题。"假大空"式中国管理研究的产生与学者对问题的不当把握与"长官意志"有关，"无病呻吟"式中国管理研究的产生与国内过于重定量研究而轻定性研究有关。

综上所述，管理学科在发展的过程中，管理研究者价值迷失，其纯学术化、功利化等倾向不断强化，职业化管理阶层的缺失，都将导致研究主体的

---

① Weick K. Gapping the Relevance Bridge：Fashions Meet Fundamentals in Management Research [J]. British Journal of Management，2001（12）：71–75.
② 刘源张. 中国管理学的道路——从与经济学的比较说起 [J]. 管理评论，2006，18（12）：3–7.
③ 孙继伟. 管理学研究者客户迷失的判定、原因及出路 [J]. 管理学报，2009，6（12）：1588–1596.
④ 孙继伟. 论管理学界的价值迷失——实践迷失和客户迷失的深化研究 [J]. 管理学报，2010，7（8）：1117–1122.
⑤ 戚安邦，高跃. 管理实际问题与理论研究脱节及滞后模型研究 [J]. 科学学与科学技术管理，2014，35（8）：11–17.
⑥ 金占明，王克稳. 中国管理研究选题的误区及科学性判断标准 [J]. 管理学报，2015（4）：477–483.

研究成果在企业实践中"插不上嘴"，管理实践者更加相信自己的胆量与经验。由此可知，管理研究与实践在管理发展的某一阶段，彼此脱节似乎是一种自然的存在。

4. 实践相关性与学科合法性的争论

脱节中一个争论的焦点是管理学的实践相关性和学科合法性的问题。对这一问题的理解影响到管理研究方法的选择、价值观、管理评价体系等。Bennis 和 James（2005）[①] 主张在科学的严格性和实践的相关性之间寻找一个新的平衡点。彭贺（2009）[②] 认为，管理学研究应该在严密性与实用性之间保持平衡，并指出，西方管理学界从经验到科学化，再到目前强调管理学研究实用性的研究取向变化过程，是管理学研究的严密性与实用性未能取得平衡的结果。吕力（2011）[③] 认为，管理学技术化（"求真"的逻辑转向"致用"的逻辑）有助于厘清管理研究中"科学严谨性"和"实践相关性"之间的主次关系，深化对脱节问题的理解。龚小军、李随成（2011）[④] 综述了学术严格性和实践相关性之间的关系，认为主要存在促进观、对立观、无关观三种观点。

从逻辑上看，实践相关性是目的，学科合法性是手段，对这一焦点问题的争论在很大程度上是混淆了目的与手段。本书认为二者并不完全违背，如戴明的质量管理兼有学术严格性与实践有效性，并在日本的文化情境下诞生了丰田的精益管理，对企业的内部运营和供应链效率起到了极大的推动作用，精益制造成为制造企业最为重要的管理模式。所以，无论是理论导向还是实践导向的管理研究都必须贯通理论与实践，如巴纳德、德鲁克一样，才能弥合管理研究与实践之间的"鸿沟"，解决实践中的问题。

在直面中国管理实践的呼吁下，管理研究以实践为导向已经引起广大学者的共鸣和重视，并成为一种行动。加强管理研究的实践导向，并不是不重

① Bennis W. G., James O. How Business Schools Lost Their Way [J]. Harvard Business Review, 2005, 83（5）：96-104.

② 彭贺. 严密性和实用性：管理学研究双重目标的争论与统一 [J]. 外国经济与管理，2009，31（1）：9-15.

③ 吕力. 管理学如何才能"致用"——管理学技术化及其方法论 [J]. 管理学报，2011，8（6）：796-784.

④ 龚小军，李随成. 管理理论的实践相关性问题研究综述 [J]. 管理学报，2011，8（5）：775-783.

视学科合法性。共议管理学指出管理学应该"顶天立地",顶天的理论导向研究和立地的实践导向研究,一致的成分大于其间的差异①。但是值得注意的是,以实践为导向并不等于管理咨询,即以实践为导向的管理研究应该与管理咨询做出区分。

三、解决脱节问题对策的研究综述

虽然管理研究与实践脱节的问题日益尖锐与突出,但值得庆幸的是,越来越多的学者开始意识到这一问题的严重性,并从不同的角度提出了解决这一问题的相关对策。这些对策为进一步探讨和解决脱节现象提供了十分重要的借鉴作用。

(一) 管理研究方法的角度

目前,管理学界特别是国内学术界过于重视定量的实证研究,忽视案例研究法、扎根研究法等定性的研究方法,更不必说规范研究。越来越多的学者开始意识到这个问题,并相继提出了各自的不同观点。

Susman 和 Everd (1978)② 出于对实证主义模型缺陷的纠正目的,主张引入行动研究的方法。Fendt 等 (2008)③ 也建议引入行动研究的方法,并主张用实用主义重建管理学术的哲学基础。格里斯利 (2006)④ 引入社会科学与自然科学的类比和理论与实践的关系两个维度,认为管理应当寻求自然主义、解释主义、解构主义参与研究下的更为广泛的研究方法论。

孙继伟 (2011)⑤ 认为,面对"方法迷失",需要确立管理学研究"八荣八耻"价值观、改革学术评价体系、纠正实证研究的狭隘化、扶持非主流研究方法、避免量化与质化研究方法失衡,在学术环境短期难以改变的情况

① 吕力,韩巍,曹振杰等. 共议管理学 (二) ——对《再问管理学》的回应 [J]. 管理学报,2013,10 (7):967-971.
② Susman G. I., Everd R. D. An Assessment of the Scientific Merits of Action Research [J]. Administrative Science Quarterly, 1978, 23 (6):582-603.
③ Fendt J., Kaminska-Labbe R., Sachs W. M. Producing and Socializing Relevant Management Knowledge: Return to Pragmatism [J]. European Business Review, 2008, 20 (6):471-491.
④ 格里斯利·P. 管理学方法论批判——管理理论效用与真实性的哲学探讨 [M]. 刘庆林,王群勇译. 北京:人民邮电出版社,2006.
⑤ 孙继伟. 论管理学界的研究方法迷失——实践迷失、客户迷失、价值迷失的继续研究 [J]. 管理学报,2011,8 (2):164-172.

下，需要靠学者的自我救赎。

吕力（2011）①提出，管理的技术化有助于理解循证管理的精髓，避免实证化和教条化。吕力（2013）②认为，管理规范理论和规范研究有其固有的存在价值，中国管理实践中的现实问题与矛盾的解决需要"规范研究"，在实证至上的情境下谈理论与实践脱节的问题是一个伪命题。在此基础上，吕力（2015）③提出，管理研究与实践脱节的原因是科学实证的滥用，并指出"后实证主义应该成为管理学研究的主流范式"。

韩巍（2017）④在论及管理研究的进路和实践研究时，坚持其一贯的诠释主义与多元范式视角，认为管理研究对象是管理实践，但是实践并不只有"实践研究"，不会只有"德鲁克道路"⑤，而是有多重面向的。进一步，他指出中国本土管理研究应当接纳尝试透过将社会现象安置于当地人的认知架构之中以寻求解释⑥，这个应当成为探索组织世界，致力于人类组织生活"向好"的一种研究与解决实践问题的范式。

（二）管理研究的生产和转化角度

虽然这里把管理研究向实践转化的整个过程又细分为管理研究的生产过程和狭义上的转化过程，但是两个过程之间的界限并不明晰，也不需要严格区分。这里只是为了研究分析的需要，对管理研究的生产和转化进行初步的界定：管理研究的生产指研究者从寻找研究主题到管理理论的最后产生；管理研究向实践的转化则包括管理理论产生后向实践的传递以及理论在实践内部的转化。

---

① 吕力. 管理学如何才能"致用"——管理学技术化及其方法论［J］. 管理选报，2011，8（6）：796–784.

② 吕力. 中国管理实践问题与管理的实证理论和规范理论［J］. 管理学报，2013，10（2）：191–198.

③ 吕力. 后实证主义视角下的管理理论、实践与观念[J]. 管理学报，2015（4）：469–476.

④ 韩巍，赵向阳."非科学性"让管理研究变得更好："蔡玉麟质疑"继续中［J］. 管理学报，2017，14（2）：185–195.

⑤ 德鲁克主张管理不仅在于知，更在于行，企业管理的特点在于"应用过程而不是规律本身"，实践的成效是检验任何管理知识的标准。参见：蔡玉麟. 也谈中国管理研究国际化和管理理论创新——向张静、罗文豪、宋继文、黄丹英请教［J］. 管理学报，2016，13（8）：1135–1149.

⑥ 格尔茨. 地方性知识——阐释人类学论文集［M］. 王海龙译. 北京：中央编译出版社，2004：277.

Gibbons 和 Bjarnason 等（2005）[①] 提出了两种知识生产模式：一种相当于纯学术研究，另一种相当于面向实践的应用性研究。目前，在管理知识生产模式的问题上，很多人都不同意完全按照模式一进行管理学术研究。但是对于模式二学者意见也不统一。席酉民等（2008）[②] 认为，应当提高 Gibbons 所说的模式下管理知识的科学性水平，主张用和谐管理理论完善模式一和模式二下的管理研究，促进研究者和实践者的沟通。

Tushman 和 O'Reilly（2007）[③] 从严谨性和实用性两个维度对管理学知识进行了分类，认为管理学能够"致用"的关键在于将基础研究所获得的结论有效传递给实务界，其有效传递的手段包括：管理研究者和管理实践者有互动的平台和正式沟通的渠道；重建学术评判标准；重视学术论文对实践价值的阐述；进行有效率的知识传播等。

传统上，管理学者只关注知识生产的环节，但是面对脱节的问题，管理学者更应该关注知识的应用转化环节。Arzabkowship（2008）[④] 建议管理研究与实践的脱节可以通过管理教育连接，管理研究的理论通过教材的发展和教授当前和未来的实践者向实践传导。Bansal 等（2012）[⑤] 认为，脱节问题已经超出了个体的能力和范围，解决脱节问题需要一个跨边界的中介组织来承担。

彭贺（2009）[⑥] 从管理知识生产和传递视角分析了脱节，提出管理研究者与管理实践者联合生产的知识生产方式；促进学术知识向实务界传递。彭贺（2012）[⑦] 认为，应对管理者实践逻辑进行分析，管理者不仅应作为研究

[①] Gibbons M., Bjarnason. Processe Valuation in Research Management [J]. International Journal of Technology Management and Sustainable Development，2005，4（3）：167-188.

[②] 席酉民，肖宏文，郎淳刚.管理学术与实践隔阂：和谐管理的桥梁作用 [J]. 管理科学学报，2008，11（2）：1-11.

[③] Tushman M. L., O'Reilly Ⅲ C. Research and Relevance：Implication of Pasteur's Quadrant for Doctoral Programs and Faculty Developments [J]. Academy of Management Journal，2007，50（4）：769-774.

[④] J. Arzabkowskip Whittingtonr. Directions for a Troubled Discipline：Strategy Research，Teaching and Practice [J]. Journal of Management Inquiry，2008，17（4）：266-268.

[⑤] Bansal P., Bertel S. S., Ewart T., et al. Bridging the Research-Practice Gap [J]. Academy of Management Perspectives，2012：73-92.

[⑥] 彭贺.严密性和实用性：管理学研究双重目标的争论与统一 [J].外国经济与管理，2009，31（1）：9-15.

[⑦] 彭贺.作为研究者的管理者：链接理论与实践的重要桥梁[J].管理学报，2012，9（5）：637-641.

对象进入研究过程，而且应作为研究主体进入研究过程，他提出，作为研究者的管理者应成为链接理论与实践的重要桥梁，以此来弥合管理研究与实践之间的鸿沟。

(三) 管理研究评价角度

管理学来源于实践，管理研究的价值很大程度上体现在实践问题的解决上；实践中的难题催生了管理理论的产生，当前实践环境的不确定性和不稳定性加剧，对管理研究解决实践问题提出了更高的要求。面对脱节问题以及管理实践的发展状况，学者们认为加强实践导向的管理研究是解决脱节问题的有效路径。韩巍 (2010)[1] 主张学术界必须把自己的研究重点放在"解释中国现象、解决中国问题"这一根本使命上。

在评价主体方面，孙继伟 (2009)[2] 建议将同行研究者、读者、引用者作为核心，强调实践客户最重要。彭贺、顾倩妮 (2010)[3] 建议将实践者纳入评价体系，改革注重短期学术论文发表的学术评价体系。陈劲、王鹏飞 (2010)[4] 主张研究成果的实践价值需要从企业、政府和公众三个方面来评价。可以看出，学者们倾向于把更为广泛的研究主体和实践主体纳入管理研究的评价体系。罗纪宁 (2010)[5] 针对目前管理理论滞后于管理实践的现象，提出了包括物、事、人、心四大层面的实践导向的理论框架。

陈春花 (2010)[6] 针对当前以美国的价值标准来分析和评价中国的管理问题的现象，认为中国所需要的管理研究应满足四项要求，即直面中国管理实践、全球化思考本地化行动、框定问题优先于界定方法、复杂问题简单化而非简单问题复杂化。陈春花、刘祯 (2011)[7] 探索了中国管理实践研究评

---

① 韩巍.中国管理学界的社会责任与历史使命——一个行动导向的解读 [J]. 管理学家学术版，2010 (6)：3-18.

② 孙继伟.管理学研究者客户迷失的判定、原因及出路 [J]. 管理学报，2009，6 (12)：1588-1596.

③ 彭贺，顾倩妮."直面中国管理实践"的内涵与路径 [J]. 管理学报，2010 (11)：1665-1670.

④ 陈劲，王鹏飞.以实践为导向的管理研究评价 [J]. 管理学报，2010，7 (11)：1671-1674.

⑤ 罗纪宁.中国管理学研究的实践导向与理论框架——一个组织管理系统全息结构 [J]. 管理学报，2010，7 (11)：1646-1651.

⑥ 陈春花.当前中国需要什么样的管理研究 [J]. 管理学报，2010，7 (9)：1272-1276.

⑦ 陈春花，刘祯.中国管理实践研究评价的维度——实践导向与创新导向 [J]. 管理学报，2011，8 (5)：636-639.

价的两个维度：实践导向与创新导向。

陈劲、王鹏飞（2011）[①] 指出，国内研究评价标准呈现单一化特征，即只强调高水平的学术论文，这导致中国管理学过于注重工具化、科学性和规范性的基础性研究，而忽略了解决中国组织情境下的实践问题。因此，他建议建立以实践为导向的管理研究评价体系。在此基础上，他进一步将理论与应用、知识与智慧两个维度纳入管理研究评价，构建了管理研究评价的整合模型[②]。

有学者对实践导向的管理研究进行了更为细致深入的研究。乐国林（2012）[③] 把实践导向的管理研究分为两大范畴：发现管理新知的科学基础研究和解决问题的实践应用研究，对于这两类管理研究的评价可以通过形式评价、内容评价和效用评价的不同指标及其权重进行差异设置，评价主体的管理也要做好遴选、监督和激励工作。孙继伟（2011）[④] 指出，当前实践导向的管理研究评价存在的问题，认为实践导向的评价指标可分为鉴别性指标和优劣性指标。其中，鉴别性指标包括是否"外行不觉得深，同行不觉得浅"；有无"前置应用"和"分布式研究"。优劣性指标包括实践客户数量、实践客户质量、应用广度、应用深度。

综上所述，当前企业面临的环境瞬息万变。在这样的环境中，企业及其管理者就需要在先进理论的指导下制订更加完善的问题解决方案。因此，管理理论与实践脱节这一问题不应该是管理学者单方面的责任，而应该是学术界和实践界需要共同攻克的难题。

---

① 陈劲，王鹏飞.以实践为导向的管理研究评价 [J].管理学报，2011，7（11）：1671-1674.
② 陈劲，阳银娟.管理的本质以及管理研究的评价 [J].管理学报，2012，9（2）：172-178.
③ 乐国林.实践导向管理研究评价的基本问题探讨——兼论由"出路与展望：直面中国管理实践"引发的学术争鸣 [J].管理学报，2012，9（8）：1147-1153.
④ 孙继伟.论实践派管理理论的评价 [J].管理学报，2011，8（6）：805-810.

第三节　研究思路与研究方法

通过对管理研究与实践现实情况的分析，特别是二者之间"脱节现象"研究的综述，我们对管理学科发展中需要面对和着重解决的学科本体性与方法论问题有了更清晰的认知，而这也正是本书思考问题的起点和解决问题的目标。

一、研究思路

本书的思路设计始于管理研究与实践之间脱节的矛盾，通过文献分析和研究团队长期对企业实践的关注，我们感知到管理研究与实践之间的关系分析，仅仅通过学科体系内的"反思性"分析和推理式研究，难以客观和深入地刻画二者之间关系的全貌。由此，本书从管理实践的效能视角和社会学的场域惯习理论，力图更加深入、全面、客观地分析管理理论/研究与管理实践之间的关系，适度定量地分析管理研究成果实践转化的效能因素。由此，提出增强管理研究实践效能的对策建议。

基于上述研究设计，本书的基本架构如图 1-1 所示：第一，对管理研究与实践之间的关系，主要是对其中存在的脱节问题进行综述分析，指出其中的问题，提出本书的两个视角——场域惯习和效能。第二，对本书涉及的理论基础和在本书中的应用价值进行综述分析。第三，根据场域惯习理论从场域主体视角分析管理研究主体和管理实践主体的构成、特征与关系。第四，管理场域的主体必须在场域结构情境与关系中行动，因而，需要分析两个场域中的关系结构。第五，在分析主体和场域结构之后，需要重点分析的是管理研究场域的"知识产出"向实践场域输出，即"转化"中的效能问题。第六，应用场域主体、场域结构和管理知识实践转化的效能知识可以深入并创新性地探讨管理研究与实践面临的难题与问题。第七，在前述研究的基础上从管理研究场域的实践感、行动科学在实践转化中的嵌入、效能共识的关系建设等方面提出增强二者互动关系的对策建议。

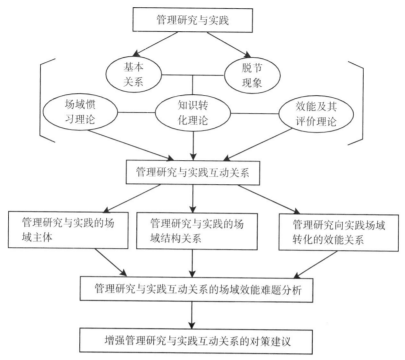

图 1-1 场域效能视角的管理研究与实践互动关系研究框架

二、研究方法

为取得管理研究与实践互动关系更为深度和客观的知识与研究效果，本书在不同研究内容和阶段嵌套使用了多种研究方法，其中主要使用了跨学科研究法、德尔菲调查法、案例研究法和实证调查法。

（一）跨学科研究法

本书与同类研究的主要不同和创新点之一便是引入了社会学的场域惯习理论工具。通过引入跨学科的理论工具，将管理研究与实践应用，或管理知识与实践活动置于场域惯习的"关系行动系统"中，这个跨学科的理论视角贯穿于本书的研究过程中。

（二）德尔菲调查法

在讨论分析管理理论或研究成果向实践场域转化"何以能有效"的研究中，使用了德尔菲专家调查和统计分析技术，通过分类选取研究领域、实践领域、咨询领域的专家和经理人，对其进行多轮德尔菲访问调查，从而科学计量确定了"管理研究成果实践转化效能指标体系"。

(三) 案例研究法

为了更为深入地阐述和论证管理研究场域与管理实践场域之间的"知识效用与实践效果"间的情境难题，我们选取了"目标管理理论"实践转化作为代表性例证进行论证。

(四) 实证调查法

开展目标管理理论实践转化的场域情境问题的案例研究，不是通过企业实践案例的讨论进行的，为了获得面上的数据，本书使用了实证调查法，通过对 266 位企业经理的问卷调查证实或证伪了目标管理理论实践转化中场域情境因素的作用。

第二章 管理研究与实践互动关系的理论基础

管理研究与实践之间的关系，从直接行动或现象来说，是一个知识向实践转化的关系，当然也同样存在实践产生知识的关系。但如果深究，这其中并不是一个物理距离或物理逻辑二维转化，而是涉及两个不同场域性质结构的对接。其转化涉及复杂的结构关系网络，因而效能是其中应当考虑的问题。了解场域惯习、知识转化和效能有关的理论或知识，对于我们深化管理研究与实践关系的理解有重要的参考价值。

第一节 场域惯习理论及其应用价值

在社会理论中，法国社会学家布迪厄（Pierre Bourdieu）提出并充分运用了一些重要的概念。其中，场域和惯习是核心概念，其间对于资本、实践等概念也有所涉及。通过这些概念，布迪厄不仅建构了社会学理论，而且研究了许多具体的社会学问题。因此，对核心概念的研究就成为本书分析和考察布迪厄社会理论的切入点。

一、场域作为位置间客观关系的网络

场域（Field）不仅是布迪厄进行社会研究的基本分析单位，也是布迪厄社会学理论中的核心概念之一。布迪厄作为一个"中观主义者"，在进行社会学研究时，选择了从介于宏观和微观的"场域"入手，布迪厄认为，"基本性的场域应作为研究的焦点"。

在布迪厄的场域概念中，场域被定义为"在各种位置之间存在的客观关系网络"，场域中的关系独立于关系确定的人群，场域中的位置是附着在某种权利或者资本之上的。布迪厄认为，"在高度分化的社会里，社会世界是由不同逻辑和必然性的社会小世界构成的，这些社会小世界是相对独立的空间，如经济场域、学术场域、权力场域，而这些小世界自身特有的逻辑和必然性也不可转化成支配其他场域运作的那些逻辑和必然性"。

在布迪厄看来，场域是一种社会空间，不是地理空间，场域不仅是一种社会空间，而且是具有相对独立性的社会空间。相对独立性既是不同场域相互区别的标志，也是不同场域得以存在的依据。场域的相对独立性表现为"每一个子场域都具有自身的逻辑、规则和常规"。

（一）规则性

场域具有规则性。布迪厄认为，场域是行动者按照共同认可的行动规则共同建立的活动空间，按照共同规则形成的场域结构具有稳定性，场域内部集合了符号竞争和个人策略，生产具有符号价值并被社会认可的符号商品。场域作为客观关系的构型，把规则强加在每一个进入该场域的个体行动者身上，任何人想获得利益，都必须进入场域并在场域内部的权力关系中展开行动。但由于行动者惯习的能动作用，场域规则对行动者的外部约束是有限的。

（二）场域是一个冲突和竞争的社会空间

场域是一个争夺的空间，作为包含各种隐而未发的力量和正在活动的力量的空间，它们之间的不断"博弈"（Game），旨在继续或改变场域中这些力量的构型。因此，场域成为利益冲突和利益争夺的"战场"，成为行动者策略实现的运作空间①。争夺和竞争的对象就是资本，场域中的行动者所拥有的经济资本、文化资本、社会资本在数量和结构上存在差异，并据此占领了场域中的特定位置。场域中的行动者在某一位置上一方面在规则的框架下争夺资本，另一方面企图改变规则而掌握话语权，总之是为了在冲突中获得更加有利的位置。

（三）作为元场域的权力场域

权力关系构成场域内的基本关系，权力场域是构成各种场域的元场域，

---

① 张萍. 布迪厄社会实践理论对我国思想政治教育的借鉴意义研究 ［D］. 南京：东南大学，2012.

对本书的管理研究场域和实践场域有一定的支配与影响。"布迪厄所说的权力场域就是把不同的场域和资本联系在一起的地方：在那里，不同场域的支配者相互对峙，不同权利的掌握者为了获得权力而进行斗争。"① 布迪厄所论述的权力不仅指政治权力，也不一定与国家政权相联系。他所讲的权力是最具有普遍意义的权力，由于力量、地位和社会资源等方面的不同，那些处于优势位置的主体对处于劣势位置的主体进行支配与影响。权力具有政治权力、社会权力、经济权力、文化权力等。

布迪厄不仅论述了权力场域的性质，而且论述了权力场域的结构构成。他认为权力场域充斥着张力结构关系，这种张力结构关系不仅体现在场域内位置间的差距，而且存在于不同的权力场域之间。"权力场域是一个包含许多力量的场域，由各种不同形式的权力或不同类型的资本之间的均衡结构所决定。同时，它又是一个游戏和竞争的空间，在这里，一些社会行动者和机构拥有一定数量的特定资本（尤其是经济资本和文化资本），这些数量的资本足以使他们在各自的场域里（如经济场域、国家场域、高校场域、知识分子场域）占据支配性的位置。为了维持这种力量均衡，或是要去改变场域结构，就产生了各种策略，造成各方彼此的敌对"。②

现实中的场域与理论上的场域有很大差异，但是理论上的场域分析框架同样适用于现实中的场域。现实中的场域内部主体之间的关系错综复杂，场域之间也存在着交叉关联，比如管理研究场域与权力场域、经济场域联系密切，这就要求要用灵活的思维和联系的观点看待现实中的场域。

二、惯习——场域中的性情倾向系统

在强调辩证思维的布迪厄看来，尽管场域是一种客观的关系系统，但在场域里活动的行动者并非"冰凉"、同质的"物质粒子"，而是有意识、有精神属性的主体；作为客观关系网络的场域都有属于自己的"性情倾向系统"——惯习（Habitus）。因此，对于辩证的布迪厄来说，只讲场域不讲惯习是不可想象的。惯习作为一种先验的前反思模式，在无意识中释放积累

① 秦广强，张雨红. 权力研究的后现代转向 [J]. 中共浙江省委党校学报，2008 (4)：21-25.
② 毕天云. 布迪厄的"场域—惯习"论 [J]. 学术探索，2004 (1)：32-35.

于身体中的行为习惯、生活方式，行为者在惯习这种前反思模式的指导下规划自己的行动。以下简述惯习的几个特征。

第一，惯习是"持久的可转移的禀性系统"。法国社会学家菲利普·柯尔库夫对这一定义做了详细的阐述："禀性，就是以某种方式进行感知、感觉、行动和思考的倾向，这种倾向是每个人由于其生存的客观环境和社会阅历而在无意识下内化到个体的。持久的，是指深深内化到个体，并抵制变化，表现出一定程度的连续性。可转移的，是指某领域的惯习转移到其他领域（如职业）也会产生效果。是系统的，这是因为这些禀性有着内在的统一性"。

第二，与客观结构紧密相连，具有主观性。布迪厄认为，惯习作为性情倾向系统，是一种"主观性的社会结构"，"是知觉、评价和行动的分类图式构成的系统"，是"一种社会化了的主观性"。尽管布迪厄把惯习视为一种主观性，但他从来不认为惯习是一种纯粹的主观性，而是与客观结构（场域）相联系的主观性。也就是说，惯习与特定场域相关联。

第三，个人性与集体性兼有。惯习作为一种主观性的性情系统和心智结构，它不可能孤立地存在，必须有一个"寓所"，即人的身体。惯习"来自于社会制度，又寄居在人的身体之中"，因此惯习具有个体性和集体性，因为"惯习是社会性地体现在身体中的"，"惯习就是一种社会化了的主观性"。

第四，惯习具有历史性、开放性和能动性。在布迪厄看来，惯习是一种生成性结构，是一种人们后天所获得的各种生成性图式的系统。布迪厄把时间变量引入惯习的分析中，指出"惯习不是宿命"，"惯习是历史的产物"，并且具有"双重历史性"（Double Historicity）。因为惯习"来源于社会结构，通过社会化，即通过个体生成过程（Ontogenesis）在身体上体现，而社会结构本身，又来源于一代代人的历史努力，即系统生成（Phylogenesis）"。惯习作为一种历史的产物，必然是一种动态的、开放的系统。布迪厄指出：惯习"是一个开放的性情倾向系统，不断地随经验而变，从而在这些经验的影响下不断强化，或者调整自己的结构。它是稳定持久的，但不是永远不变的"。布迪厄还认为，"惯习"不是"习惯"[①]，作为一种在实践过程中生成的性情

---

① 陆鹏飞. 布迪厄惯习概念研究 [D]. 哈尔滨：黑龙江大学，2009.

倾向系统，只有完完全全从实践操作（Practical Mastery）的意义上才能理解惯习的能动性。

三、场域中的资本竞争

（一）资本的内涵与类型

布迪厄的资本概念是在劳动的基础上形成的，"资本是积累的劳动，当这种劳动在排他性的基础上被行动者占有时，这种劳动就使他们能占有社会资源"。行动者在实践中占有各种资本，从而能够理解社会结构中社会生活的运行变化机制。决定场域竞争的逻辑就是资本的逻辑，资本不仅是场域活动竞争的目标，同时又是用于竞争的手段。反之，资本如果不与场域联系在一起就难以发挥作用①。

布迪厄把资本分为三种基本类型：经济资本、文化资本、社会资本。不同资本类型之间可以相互转换。经济资本作为最有效的形式，它可以更轻易地被转换成社会资本和文化资本；文化资本和社会资本最终也可以被转换成经济资本。这种可转换性是构成某些策略的基础，这些策略的目的在于通过转换来保证资本的再生产和在社会空间占据的地位的再生产，从而保证各种资本的延续和发展②。

经济资本是经济学通常所理解的资本类型，可立即转化为金钱或者制度化的产权形式。经济资本是资本的最有效形式，是其他类型资本的根源，在特定条件下其他资本最终都可以转换为经济资本。

文化资本以作品、文凭、学衔等为符号，可以制度化为学位、教育资格等形式。对于文化资本，布迪厄阐述了它的三种存在形式：身体化、客观化、制度化。身体化的文化资本具体到人身上为纯精神性状态。客观化的形态体现在书籍、图片、机器等有形的可传递的文化物品中。文化商品同时假定了经济资本和文化资本。制度化的形态体现在那些特定的制度安排上，诸如教育资格、学术资格认定方面的规定，这赋予其拥有者一种文化的、约定

---

① 李全生. 布迪厄的文化资本理论 [J]. 东方论坛，2003（1）：8–12.
② 王洪玉. 超越结构与能动性的二元对立——布迪厄社会实践理论浅述 [J]. 甘肃高师学报，2010（1）：129–133.

俗成的、经久不变的、有合法保障的价值[①]。

社会资本以社会声誉、头衔为符号，社会资本是指一个人或群体凭借拥有一个比较稳定的、在一定程度上能制度化的相互交往、彼此熟悉的关系网络，它反映了更为复杂的社会场域的结构和权力关系。

（二）场域的动力机制：场域结构—资本竞争—策略

场域是由附着于某种资本形式的各种位置间的一系列客观关系所构成的，场域是这些位置的占据者所寻求的各种策略的根本保证和引导力量，场域中位置的占据者用这些策略来保证或改善他们在场域中的位置，并强加一种对他们自身的产物最为有利的等级化原则。行动者的策略又取决于他们在场域结构中的位置，即特定资本的分配。他们的策略还取决于其惯习及其所具有的对场域的认知，即从场域中某个位置点出发所采纳的视角。场域中决定行动者位置差别的因素主要有两个：一是在不同类型的资本分配结构中行动者的潜在处境和实际位置；二是这些位置之间存在的客观关系，包括从属关系、结构上的对应关系、支配关系等[②]。

由于所包含资本的差异性和组合方式不同而决定了此场域中个体所处的地位不同，地位不同愈加刺激着这些个体对于可追逐资本的争夺，因此，每个场域上都不免存在着这种争夺，而在这个争夺的过程中，由于所处的地位不同所进行的争夺方式也不同，在竞争过程中也开始渐渐地产生了联系，当联系变得既微妙又紧密时，场域演变为一个有机的整体。

四、场域惯习理论的启发价值

（一）场域惯习理论在其他领域中的应用

布迪厄的著作涵盖了人类学、社会学、教育学、语言学、政治科学、哲学、美学和文学等学科，已有学者利用布迪厄的理论对教育场域、权利场域、司法场域等亚场域进行了研究分析，学者们以布迪厄的场域惯习理论作为理论工具，对各细分场域中的惯习、资本等进行研究，解释场域的运行机

---

① 张怡. 文化资本 [J]. 外国文学，2004（4）：61-67.
② 吴永功. 城市群内政府间合作困境研究——基于布迪厄场域理论的分析 [D]. 济南：山东大学，2009.

制，解决场域中存在的问题，进行政策制定。还有学者对一些社会运行中的现象进行了具体细致的分析。

权力场域理论是布迪厄社会学理论中最基本的内容。崔浩（2006）[①]研究发现布迪厄的权力场域理论对政治学研究，特别是对政府权能问题的研究具有重要的借鉴意义。刘忠波（2013）[②]研究了多重话语空间与中国形象的权力场域的关联，将中国形象置于官方、民间和西方的三角关系话语场域之中，在多维度中探讨了中国形象的复杂意义。

在教育场域的研究中，文化资本是学者研究的一个重要方面。郭凯（2005）[③]运用场域惯习理论中的场域、惯习与资本三个基本概念特别是文化资本这一概念分析了教育场域中的各主体，指出教育通过文化的再生产实现社会的再生产。王军、查永军（2010）[④]研究发现资本尤其是文化资本量的差异造成了区隔，而现有教育将这些差异制度化、合理化，他认为场域惯习理论可以为实践层面的教育政策制定提供理论依据。

曾华（2008）[⑤]认为，大学场域有较强的独立性，大学场域的生成并不是场域自我扩展的结果，而是大学自身发展与完善的过程。大学场域就是大学中各种复杂矛盾的多元位置的不断重组。这种多元位置在大学的学术场域、权力场域、等级场域中表现得最为明显，其中，学术场域是大学场域的核心。吴洪富（2011）[⑥]基于布迪厄的场域惯习理论，对大学这一次场域做了界定，他认为大学作为一种变迁的场域，是相对独立的，在此基础上分析了变迁场域中行动者的实践及其逻辑，提出变迁的场域产生了新的惯习，新旧惯习之间存在更迭与冲突。

司法场域也是场域理论应用研究的重要方向。张超（2011）[⑦]认为，法

① 崔浩. 布迪厄的权力场域理论及其对政治学研究的启示 [J]. 杭州电子科技大学学报，2006，2（2）：1-5.

② 刘忠波. 多重话语空间与中国形象的权力场域 [D]. 天津：南开大学，2013.

③ 郭凯. 文化资本与教育场域——布迪厄教育思想述评 [J]. 当代教育科学，2005（16）：33-37.

④ 王军，查永军. 布迪厄社会学思想的教育启示 [J]. 当代教育科学，2010（15）：7-9.

⑤ 曾华. 论大学场域的遮蔽 [J]. 扬州大学学报，2008，12（4）：7-10.

⑥ 吴洪富. 大学场域变迁中的教学与科研关系 [D]. 武汉：华中科技大学，2011.

⑦ 张超. 法院调解：当事人"理性对话"的权利场域 [J]. 山东科技大学学报，2011，13（5）：38-42.

院调解一方面可作为司法领域的一种实践活动，另一方面也可视为一个权利对话的场域，由此，法院调解应该不仅仅体现法官的职权，更应当为当事人进行"理性对话"提供一个平台。针对当前法学界对布迪厄的研究尚不充分，闫朋（2012）①通过对布迪厄提出司法场域的理论意图进行分析，研究了司法场域的构成，并且描述了其运作机制，进而研究了司法场域中的法律。

相对于上文的场域研究，还有部分学者将某些现象研究的着眼点放在更微观的场域中，即在场域惯习视角下的现象研究中将侧重点放在更小场域的惯习、资本、行动者以及行动者与场域之间的互动关系上。

严震宇、张仕平（2006）②从场域视角研究了国有企业产权改革。国有企业产权制度嵌入在国有企业场域之中，国有企业产权改革场域中的惯习、行动者间的利益关系以及场域结构决定国有企业产权制度改革的路径和实施效果。乐国林（2010）③应用布迪厄的文化资本理论构建了企业文化资本结构模型，并对企业生命周期中的企业文化资本结构变迁做了研究。岳敏、许新（2009）④基于"场域—惯习"理论，对我国的"感情常在"与日本的"人走茶凉"进行试比较。李源源（2010）⑤以生存状态为切入点，引入场域、惯习、资本理论来分析待业大学生的生存状态。才凤伟、王拓涵（2012）⑥从新生代农民工精神文化生活视角研究了企业场域转型——从"理性囚笼"迈向"生活世界"，进而实现新生代农民工注重自我和企业提高生产效率的双重诉求。肖飞、张健（2013）⑦运用场域惯习理论对群体性冷漠行为发生的场域、资本和惯习进行了分析。

上述利用场域惯习理论进行的应用研究中，利用场域惯习理论对中国情

① 闫朋. 布迪厄司法场域理论探析［D］. 重庆：西南政法大学，2012.
② 严震宇，张仕平. 从场域视角看国有企业产权改革——对一家国企改革的实证分析［J］. 北方论丛，2006（2）：129-132.
③ 乐国林. 文化资本与企业成长关系研究［M］. 北京：经济科学出版社，2010.
④ 岳敏，许新. "场域—惯习"理论下"感情常在"与"人走茶凉"的比较［J］. 法制与社会，2009（11）：235-237.
⑤ 李源源. "场域—惯习"理论视角下待业大学生群体生存状态研究［D］. 上海：华东师范大学，2010.
⑥ 才凤伟，王拓涵. 企业场域转型：从"理性囚笼"迈向"生活世界"［J］. 湖南农业大学学报，2012，13（2）：42-48.
⑦ 肖飞，张健. "场域—惯习"视角下的群体性"冷漠行为"［J］. 湖南工业职业技术学院学报，2013，13（2）：58-60.

境下的亚场域进行深度分析，从中观角度把握现实中复杂棘手的问题，对于问题的认知和解决提供了有价值的观点。场域惯习视角下的现象研究涉及社会生活的方方面面，为我们观察解释生活中的现象提供了一个新的视角，布迪厄作为一个中观主义者，其场域惯习理论对我们剖析社会现象助益颇大。

（二）场域惯习理论对于探索管理研究与实践互动关系的启发

首先，根据上文对场域的介绍，在管理学科和工商实践领域，管理研究与实践是两个不同的社会空间，也就是说，这二者可以看作是两个相对独立的不同场域。每个场域都有其特定的结构，其内部也都有各自运行的一套逻辑。在管理研究场域这个特定的场域中产生的知识在很大程度上更符合本场域的结构特征和运行逻辑，而要将这些知识转移到实践场域中就很可能因场域的相互独立和各自结构的差异，从而出现相互不匹配甚至产生矛盾冲突的现象。

其次，惯习作为一种性情倾向系统，是该场域制度、文化、规则、价值观等的集中反映。同一场域的行动者有着相似的惯习，个体的行动也必然带有本场域的性情倾向。不同场域由于制度、文化、规则、价值观等的不同必然会导致惯习的不同。同样地，管理研究场域和实践场域都有着各自不同的惯习。管理研究场域中的个体所生产出的知识具有本场域的惯习特点，而这些特点可能与实践场域的惯习不同甚至相悖。例如，管理研究场域习惯从复杂的角度考虑问题，探究问题背后的原因；实践场域则习惯寻找解决问题的简单答案，很少会分析问题产生的深层次原因。这些不同的惯习往往会成为管理研究向实践转化的一大障碍。

最后，资本是场域的重要组成部分，资本的逻辑决定了场域竞争的逻辑。由于经济资本、文化资本和社会资本在各个场域中的占比和作用都是不同的，因此在不同场域起主导作用的资本也是不同的。管理研究场域和实践场域由于其场域属性的不同，其各自的资本结构和数量必然会存在差异，例如，管理实践场域的主导资本是文化资本，实践场域的主导资本是经济资本。而这些差异也有可能成为管理研究向实践转化的一大障碍。

因此，本书试图以场域惯习理论为切入点，挖掘场域结构、惯习与资本在管理研究向实践转化的过程中所产生的影响，并探讨其相应的解决对策。

第二节　知识转化理论及其启发意义

随着全球知识经济的迅速发展，知识已经成为企业获取竞争优势的关键性资源之一。全球化浪潮的不断推进，进一步加剧了企业在市场中的竞争压力。任何一个企业想要在这种复杂、多变的环境中建立并保持其竞争优势，就必须不断地整合、更新自己的知识，知识管理也日益成为理论界和企业界共同关注的新焦点。

知识管理是对知识的产生和应用进行规划和管理的相关活动，它强调对知识的共享和交流，认为知识交流是实现知识价值的关键环节。知识的共享和交流是在不同主体之间实现的，知识从一个主体迁移到另一个主体，并被其消化吸收，这就产生了知识的迁移。下面就知识转移的相关理论做出介绍。

一、知识转移的内涵

知识转移的思想最早是由美国技术和创新管理学者 Teece（1977）[①] 提出的。他在研究跨国公司在不同国家间进行技术转移的成本时发现，企业通过技术的国际转移，能够积累大量的跨国界应用的知识。之后"知识转移"被引入知识管理研究领域，用来描述知识在不同主体之间的流动和转化，知识转移逐渐成为知识管理研究领域所关注和研究的热点问题。

知识转移是知识管理理论的关键环节，涉及转移动机、转移过程以及转移结果等多方面内容，具有极为丰富的内涵。大批学者都从不同视角对知识转移的概念进行了相关的界定。其中比较有代表性的是以下几人的观点：

Singley 和 Anderson（1989）[②] 从知识转移的双方主体角度对其进行定义。

---

① Teece D. J. Technology Transfer by Multinational Firms: The Resource Cost of Transferring [J]. Technological Know-how Economic Journal, 1977, 87 (June): 242–261.

② Singley M. K., Anderson J. R. Transfer of Cognitive Skill [M]. Harvard University Press, 1989.

他们认为，知识转移是将一种情景下获取的知识应用于另一种情景之中，并指出转移不仅可以发生在企业内部，如个人与个人之间、个人与团队之间、团队与团队之间，也可以发生在企业之间，如联盟企业之间。

Szulanski（1996）[1]从知识交换的过程角度来定义知识转移。他将交换理论引入知识转移的研究中，提出了"知识源和接收方"的交流模式，他认为知识转移是在一定的情景中，从知识源到接收方的知识传播过程。

Daveport 和 Prusark（1998）[2]则强调知识转移的结果。他们认为，知识转移包括知识传递和知识吸收（应用）两个过程，指出提供知识并不能够完全代表知识的转移，只有接收方对接收到的知识进行充分的理解、吸收和应用，才能说知识被成功地转移了。Darr 和 Kurtzberg（2000）[3]也提出相同的观点，他们认为，只有当知识源的知识被知识接收者所使用时，知识转移才真正发生。

国内学者也就知识转移的概念提出了自己的观点。左美云（2004）[4]认为，知识转移是知识从势能高的主体向势能低的主体转移的过程，在这个过程中通常会伴随着知识使用价值的让渡并带来相应的回报，是转移主体间的交易行为，其中决定知识势能的要素包括知识的数量、质量和结构。魏江、王铜安（2006）[5]认为，知识转移指的是知识以不同的方式在组织、群体或个体之间转移或传播，并指出知识转移的目的是吸收新知识和有效地利用新知识。朱亚丽（2009）[6]在分析和总结了有关知识转移的相关研究后提出，知识转移就是知识源和知识接收方经过大量的互动以及沟通，使接收方能够从知识源获得自己所需要的知识，并加以吸收、利用以及创新的活

① Szulanski G. Exploring Internal Stickness: Impediments to the Transfer of Best Practice within the Firm [J]. Strategic Management Journal, 1996 (17): 27-44.

② Daveport T. H., Prusark L. Working Knowledge: How Organizations Manage What They Know [M]. Cambridge, MA: Harvard Business School Press, 1998.

③ Darr E. D., Kurtzberg T. R. An Investigation of Partner Similarity Dimensions on Knowledge Transfers [J]. Organizational Behavior and Human Decision Processes, 2000 (82): 28-44.

④ 左美云. 企业信息化主体间的六类知识转移 [J]. 计算机系统应用, 2004 (8): 72-74.

⑤ 魏江, 王铜安. 个体、群组、组织间知识转移影响因素的实证研究 [J]. 科学学研究, 2006 (1): 91-97.

⑥ 朱亚丽. 基于社会网络视角的企业间知识转移影响因素实证研究——以国内通信电源产业为例 [D]. 杭州: 浙江大学, 2009.

動，是知识转移双方之间有计划、有目的的知识共享活动。杨霞等（2016）[①]认为，知识转移是知识源向知识受体传递知识、知识受体吸收并内化知识的过程。

从上述学者对知识转移的定义可以看出，由于知识结构或研究角度的不同，学者们对知识转移的表述存在差异，但其中的共性也是显而易见的，主要表现在：①知识转移是一个复杂的、动态的过程，是知识从知识源到知识接收方传播的一个过程，在该过程中强调转移双方的互动和沟通；②知识转移的最终目标是让接收方掌握并整合转移来的知识，并应用于管理实践活动之中，是知识接收方对知识进行"内化"的过程，该过程强调知识在接收方的重建和应用。

二、知识转移的动机研究

知识转移的动机是知识转移发生的前导因素，决定着知识转移这一活动能否真正发生。由描述动机的相关理论可知，动机是推动个体或组织从事各种活动的内部原因，分为外部动机和内部动机。外部动机是个体在面对外界压力时所产生的动机，例如，企业面对激烈的行业竞争压力而不得不采取某些行为；内部动机是由个体的内在需要所引发的动机，例如，企业为追求自身的长期发展而决定进行组织结构改革。对知识转移活动来说，双方主体都拥有进行知识转移的动机，只是由于双方合作的目的不同，动机便会存在差异。个体行为的背后总有着复杂的解释因素，知识转移作为不同主体间进行的一种复杂的社会交互行为，学者们也从社会学、心理学以及经济学等众多角度对其发生机制进行了探究。现有的对知识转移动机的解释理论主要有以下几种。

（一）社会交换理论对知识转移动机的研究

社会交换理论是20世纪60年代兴起于美国，并在全球范围内广泛传播的一种社会学理论，由 Homans 等提出。该理论主张人类的所有行为都会受到那些能够为自己带来奖励和报酬的交换活动的支配。个体这种特性类似于

---

① 杨霞，高灵，李雯. 家长式领导对知识转移绩效影响的探索式案例研究 [J]. 科技进步与对策，2016 (17)：145-152.

"趋利性"，对知识转移双方主体而言，正是因为这种趋利行为，才会促使双方达成合作意向。

该理论还提出交换对等原则，指出类似于商品交换，人的社会交换行为也会强调行为报酬的对等。对知识转移的双方来说，整个转移过程都要付出时间、精力、资金等代价，双方衡量该行为的最直接标准就是各自的得失情况。只有双方都从该行为中获利，并感到公平，该行为才会持续下去。

（二）知识管理学者对知识转移动机的研究

社会交换理论为人们探究知识转移的动机提供了一个角度，但并没有告诉人们究竟哪些因素促使了转移活动的发生。知识转移是知识管理的核心环节，知识管理学者们对知识转移的动机进行了相关研究，并通过不同角度进行了相应的解释。

从知识源角度来讲，声誉和内部激励机制是人们乐于与他人共享知识、参与知识转移的主要动机。尤其是对于那些高水平的专家、学者等人才而言，他们对声誉的追求往往会超过对物质或金钱的追求，他们热衷于向他人提供缺乏的、新颖的知识来提高自己在他人心目中的地位。另一个激发知识源参与知识转移的因素是该主体所处的组织或行业的激励机制。激励能够有效地引导个体，并促进个体动机向行为转化。如果组织内部有专门针对知识转移活动的激励措施，就会引导内部成员自觉地向知识转移行为靠拢，从而激发个体与他人进行知识共享及交流的动机。我国学者唐炎华等指出，个人利益、兴趣动机、个人成就感和组织情感的四维度结构是我国知识型员工参与知识转移的动机。同时，大量研究也指出组织成员的自我实现需要、组织公民行为等因素是知识源转移知识的重要动机。

从知识接收者角度出发，知识缺口的存在是其进行知识转移的直接动机。知识更新换代速度加快，任何一个个体或组织都不可能拥有他所需要的所有知识，尤其是那些情景依赖性很强的知识。通过与其他主体间的知识转移，弥补自己的知识缺口，完善自己的知识储备，增强自身的竞争力，不失为一个好的策略。

三、知识转移的过程研究

从知识转移的内涵我们可以看出，知识转移并不是静止发生、一蹴而就的，而是需要通过不断的学习，最终在接收方实现知识的内化和应用，是一个动态的、复杂的过程。了解知识转移发生的过程，才能更好地控制知识转移的效果。因此，很多学者都对知识转移的过程进行了相关研究（Szulanski，1996[①]，2000[②]；Garavelli et al.，2000[③]；王开明等，2000[④]；周晓东、项保华，2003[⑤]；谭大鹏、霍国庆，2006[⑥]）。其中，比较有代表性的知识转移的过程模型有以下几种。

（一）Szulanski 的知识转移四阶段模型

Szulanski（1996，2000）用交流模型来研究组织内的知识转移。在其提出的知识转移的过程模型中，将知识转移的过程划分为四个阶段，如图 2-1 所示。

图 2-1　知识转移四阶段模型

资料来源：Szulanski G. The Process of Knowledge Transfer: A Diachronic Analysis of Stickiness [J]. Organizational Behavior and Human Decision Processes，2000，82（1）：9-27.

第一阶段是初始阶段（Initiation），是知识转移的萌芽阶段。此时，主体发现自身知识的缺口并寻找符合要求的知识及其来源。该阶段的关键问题是组织能够对所需的外部知识进行准确的识别和正确的评价。

第二阶段是实施阶段（Implementation），在该阶段中，知识转移双方共

① Szulanski G. Exploring Internal Stickness: Impediments to the Transfer of Best Practice within the Firm [J]. Strategic Management Journal，1996（17）：27-44.

② Szulanski G. The Process of Knowledge Transfer: A Diachronic Analysis of Stickiness [J]. Organizational Behavior and Human Decision Processes，2000，82（1）：9-27.

③ Garavelli A. C.，Gorgoglione M. & Scozzi B. Managing Knowledge Transfer by Knowledge Technologies [J]. Technovation Journal，2000（22）：269-279.

④ 王开明，万君康. 论知识的转移与扩散 [J]. 外国经济与管理，2000（10）：2-7.

⑤ 周晓东，项保华. 企业知识内部转移：模式、影响因素与机制分析 [J]. 南开管理评论，2003（5）：7-10，15.

⑥ 谭大鹏，霍国庆. 知识转移一般过程研究 [J]. 当代经济管理，2006（3）：11-14，56.

同建立适合的转移渠道并开始进行知识的调整和交流。该阶段的关键问题是知识源要对知识进行适当的调整以适应接收方的需要，同时双方还要进行充分的沟通和交流。

第三阶段是调整阶段（Ramp-up），该阶段需要知识接收方根据新的任务环境对转移来的知识进行调整和使用，并对使用结果进行评价。该阶段的关键问题是对使用新知识后效果的评价。

第四阶段是整合阶段（Integration），通过上一阶段的评价，效果好的知识通过制度化，将其内化成为自有知识的一部分。

（二）Garavelli 的知识转移两阶段模型

Garavelli（2000）[1] 将知识转移的过程分解成两个阶段：知识从知识源向知识接收方的流动阶段和知识接收方对接收到的知识的应用阶段。他们指出，第一阶段有两个关键点：一是知识源将知识表达成可以被接收方理解的任何一种形式，即"编码"的过程；二是接收方将知识源传递的知识翻译成与自身认知系统相融合的形式，即"解码"的过程。同时他们还指出转移双方的认知系统在转移过程中起到决定性作用，尤其是当转移的是能力、经验等实践性知识时，这种作用更加明显。该模型如图 2-2 所示。

图 2-2 知识转移两阶段模型

资料来源：Garavelli A. C., Gorgoglione M. & Scozzi B. Managing Knowledge Transfer by Knowledge Technologies [J]. Technovation Journal，2000（22）：269-279.

（三）国内学者的知识转移过程研究模型

国内学者也对知识转移的过程进行了大量的研究，并提出了不同的阶段

① Garavelli A. C., Gorgoglione M. & Scozzi B. Managing Knowledge Transfer by Knowledge Technologies [J]. Technovation Journal，2000（22）：269-279.

划分方法。王开明、万君康（2000）① 及周晓东、项保华（2003）② 将知识转移分为发送和接收两个基本过程，这两个过程由两个不同的参与者——发送者和接收者分别完成，通过中介媒体连接起来，并指出知识转移过程中通常会含有"噪声"。该过程模型如图 2-3 所示。

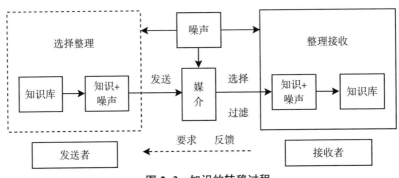

图 2-3　知识的转移过程

资料来源：王开明，万君康. 论知识的转移与扩散 [J]. 外国经济与管理，2000（10）：2-7.

谭大鹏、霍国庆（2006）③ 将知识转移过程分解成三个阶段：转移前的准备阶段，包括发现知识缺口、产生知识转移动机、确定知识源并与其协商知识转移事宜等活动；知识传递阶段，知识转移双方、知识内容及转移媒介之间的复杂作用都在这一阶段实现，是整个转移过程的核心阶段；转移知识整合阶段，知识接收者对转移的知识进行应用和整合的阶段。

四、知识转移的影响因素研究

大量的研究都表明知识转移是一项非常困难的活动，尤其是对隐性知识的转移。在实际的操作过程中，学者们发现知识转移的效果受到很多因素的影响。总体来说，影响知识转移效果的主要因素集中在知识本身的特性、知识源的特征、接收者的特征和知识转移发生的情境等方面。

---

① 王开明，万君康. 论知识的转移与扩散 [J]. 外国经济与管理，2000（10）：2-7.

② 周晓东，项保华. 企业知识内部转移：模式、影响因素与机制分析 [J]. 南开管理评论，2003（5）：7-10，15.

③ 谭大鹏，霍国庆. 知识转移一般过程研究 [J]. 当代经济管理，2006（3）：11-14，56.

（一）知识特性

学者通过对知识本身的研究，发现知识具有众多的特性，而且知识特性是影响知识转移效果的关键因素。国内学者肖小勇、文亚青（2005）[①] 通过实证研究探究影响知识转移的因素，他们发现知识的模糊性、专用性和复杂性会通过影响知识在实践中的应用来影响知识转移的难易程度，而知识的有用性则通过影响知识转移的动机进而影响知识转移的效率。通过综合学者们的观点，并结合本书的特点，我们从以下几个方面来概括知识特性对知识转移效果的影响。

1. 知识的模糊性

知识的模糊性指的是知识内在的、不可简化的不确定性，它与知识的隐性程度呈显著的正相关。模糊性越高的知识，人们越可能无法完全理解其含义，在转移过程中需要投入更多的成本和时间，转移速度也更慢，难以实现高效的知识转移。

2. 知识的情景依赖性

情景依赖性的存在使有些知识不可能像物理规律那样保持不变，外部环境的变化可能导致知识的完全失效，这就给知识转移带来了难度。

3. 知识作用的可观察性

如果知识一经应用便会很快看到效果，那么这样的知识就更容易被转移。人们对知识效果的评价都是通过知识产生的作用结果来进行的。尤其是对企业管理者而言，他们更愿意获得问题解决方案的简明概括，而不是知识本身。唐炎华、石金涛（2007）[②] 在总结影响知识转移的因素时就指出，知识作用的可观察性就是知识一旦得到应用可见到效果的能力，并指出可观察的知识比不可观察的知识转移更加有效率。

（二）知识源的特征

知识源作为知识的输出方，它的某些特征一定会影响知识转移的效果，甚至会决定知识转移这一过程是否能够成功发生。国内外学者们对知识源的特征对知识转移效果的影响进行了大量研究，可以从以下几个方面进行阐述。

---

① 肖小勇，文亚青. 组织间知识转移的主要影响因素 [J]. 情报理论与实践，2005（4）：355-358.
② 唐炎华，石金涛. 我国知识型员工知识转移的动机实证研究 [J]. 管理工程学报，2007（1）：29-35.

1. 知识源的可靠性

当知识源的可靠性没有得到明确的认定前，人们并不认为该知识源是值得信赖的，那么由其提出的建议或示范就可能受到挑战，在该情况下实现知识转移就变得异常困难。Szulanski 等（2004）[①]认为，在知识转移的初始阶段，知识源的可靠性是影响知识转移效率的重要因素，当知识受体感受到知识源可信赖时，便会表现出更小的疑心，更乐于接受信息。

2. 知识源的转移意愿

大量研究都指向了知识源的转移意愿会显著影响知识转移的效果。出于对自身关键知识及优势地位的保护，知识源通常不愿意与他人分享重要的知识。这种"不情愿"的态度会削弱知识源参与知识转移的积极性，减轻知识源在知识转移过程中的投入程度，对转移过程中的交流、沟通水平也会产生较大的影响。

3. 知识源的沟通、编码能力

沟通能力是指在一定的组织情境中，通过交流展示自己知识的能力；编码能力是指知识源将自己的知识转化为可以传输的知识的能力。在此过程中，需要知识源能够清晰地表述自己的想法，并确保自己的表述易于被对方所理解。与此同时，由于知识转移通常需要转移双方进行长期的互动，这时通过良好的沟通能力建立双方的友好关系，就显得非常重要。

（三）知识接收方的特征

1. 知识接收方的接收意愿

与知识源一样，知识接收者在参与知识转移的过程中同样表现出不同水平的接收意愿。接收意愿高的个体能更积极地沟通、学习和使用新知识。

2. 沟通、解码能力

良好的沟通能力是接收方准确获取知识源所提供的知识的必要前提。尤其是对隐性知识的转移而言，一旦双方沟通出现问题，就可能导致整个过程的中断，甚至终止。解码能力是接收方能否成功接收所转移知识的关键因素，解码能力强的接收方能够准确、全面地接收到转移的知识，这也是实现

---

① Szulanski G., Cappetta R., Jensen R. J. When and How Trustworthiness Matters: Knowledge Transfer and the Moderating Effect of Causal Ambiguity [J]. Organization Science, 2004, 15（5）: 600-613.

转移知识"内化"的必要前提。

3. 吸收、保持能力

吸收能力指的是认识、同化和运用外部新知识的能力。全面、准确地接收到转移知识只是知识转移过程中的一个环节，还需要接收方对新知识的消化和吸收。但吸收并不是终点，对吸收的知识通过将其"制度化"而长久地保持，这才是人们所期望的。如果接收方缺乏对新知识的保持能力，那么知识转移的效果很可能就是"昙花一现"。

（四）知识转移的情景因素

1. 文化因素

文化对一个主体的价值观念、行为方式、认知方式等都有潜移默化的、重要的影响并最终通过具体行为表现出来。学者们就转移双方所处的文化上的差异对转移效果的影响进行了大量研究。国内学者徐占忱、何明升（2005）[①]认为，知识转移接收方的文化背景、认知结构等会影响他们对知识的搜寻倾向、选择方案以及学习强度，并指出知识接收方的知识与知识源越接近，知识转移就越顺利。

2. 转移主体间的关系

在以往对知识转移主体进行的研究中，主体间的关系一直是学者们关注的重点。关系强度能反映出转移主体间关系的密切程度，表现为双方频繁的交流和良好的沟通。具有良好关系的双方也更容易认可和接受对方所提出的观点和意见。尤其是对于复杂的隐性知识的转移而言，双方在转移过程中能够表现得更加积极，不仅能够提升转移的质量，也能够提高转移的效率。

3. 转移主体间的"距离"因素

这里的"距离"包含多层含义。首先，知识源与知识接收者之间的地理距离会影响知识转移的效果。其次，知识源与知识接收者之间的知识距离也会对知识转移的效果产生影响。当双方知识距离过大时，知识源很难找准知识接收者所真正期望的知识；当双方知识距离过小时，知识接收者可能不会对转移的知识感到满意。

---

① 徐占忱，何明升. 知识转移障碍纾解与集群企业学习能力构成研究［J］. 情报科学，2005（5）：659-663.

五、知识转移的媒介

知识转移是在两个不同主体之间进行的，知识的传输需要使用相应的工具、手段和渠道，我们称为知识转移的媒介，已有研究指出转移媒介能够在一定程度上减少知识转移的不确定性和模糊性，提高知识转移的效果。学者们在对知识转移的过程及影响因素进行研究的同时，也对知识转移的媒介进行了一定的研究。

按照 Holtham 等的观点，知识转移渠道可以划分为正式的和非正式的、个人的和非个人的。正式的转移渠道包括组织内部的培训课程和参观考察等，该渠道能够确保转移知识的准确性。非正式的渠道有不定期的会议、非正式的研讨会或工作间隙的交流等，这种非正式性可能由于缺乏正式的知识"编码"过程而影响知识转移的效果。个人渠道包括学徒制或人事调动，这有利于高情景化的特定知识的转移。非个人渠道包括知识库等，这种渠道对于普适性知识的传播最为有效。

同时，信息技术的不断发展彻底改变了人们的工作、学习、沟通等方式，也成为知识转移的一个媒介。有学者探究了现代信息技术作为知识转移媒介在知识转移过程中的作用。信息和沟通技术的发展降低了知识主体之间的时空障碍，从而有助于知识的转移。

国内学者也对知识转移的媒介进行了大量研究。马庆国等（2006）[①]认为，面对面的沟通交流是知识转移最为有效的方式。奚雷、彭灿（2006）[②]指出网络传播、互派技术人员、共同研发是知识转移的三种主要渠道。

六、知识转移理论的启发价值

管理理论向实践转化的过程在本质上就是知识转移的过程，是指具体的理论知识转移到实践中去，并最终作用于实践的过程，因而分析知识转移理论对于研究管理理论向实践转化具有一定的启发意义。分析管理理论与实践

---

① 马庆国，徐青，廖振鹏，张彩江. 知识转移的影响因素分析［J］. 北京理工大学学报（社会科学版），2006（1）：40–43.

② 奚雷，彭灿. 战略联盟中组织间知识转移的影响因素与对策建议［J］. 科技管理研究，2006（3）：166–169.

脱节的原因就是对知识转移过程中存在的问题进行研究。知识转移过程涉及知识本身的特性、发送者、媒介、接收者等方面，这其中任何一方面出现问题都会导致知识转移过程的中断。

首先，从知识本身的特性来说，知识的情境依赖性等特性在知识转移过程中，由于脱离了原有的情境，因而可能会对最终知识接收者的理解产生影响，并进一步影响知识的转化。在理论向实践转化的过程中，有的理论基于特定的场景才比较容易理解，但是一旦脱离了这种场景，则会非常晦涩难懂，增加了其难理解性，一旦对理论没有很好地理解，就很有可能会造成理论向实践转化时的脱节。

其次，从知识源的特征来说，知识源的可靠性、转移意愿、沟通编码能力等都会对知识的输出产生影响，进一步会对知识转移产生影响。管理向实践转化的过程中，专家、学者们作为知识源，他们的性格特征、对于相关理论知识的吸收能力和将理论进行编码的能力都有所不同，因而有可能导致理论在向实践转化的初期也有所不同，甚至有些专家学者自己本身并没有很好地将理论消化吸收，这样一来便会导致理论在向实践转化时产生脱节。

最后，从接收方的特征来说，知识接收方的意愿、沟通解码能力、吸收保持能力等不同，在知识转移过程中会对知识转移的最终效果产生影响。而在管理理论向实践转化时，企业作为理论的接收者，它本身对于理论的接收意愿的程度会影响自身对理论知识的消化，对理论没有进行充分的消化，就将其应用到企业的管理实践中，可能会导致实践与理论的脱节。

第三节　效能与效能评价及其应用价值

对于管理理论向实践转化出现脱节的现象，可能是因为理论与实践之间存在一定的距离问题，还有可能是管理研究对解决实际问题的有效性不足。本节将引入效能及效能评价的概述，希望对研究管理理论向实践转化的问题有一定的启发作用。

一、效能的概述

有关效能及其评估的问题是第二次世界大战之后开始提出的，在 20 世纪 60 年代逐步形成了各个热点研究领域。效能应用于多方面的研究，如人力资源、组织、军事系统等，但是应用于管理理论的实践转化问题上的研究比较少。

（一）效能的内涵

从字典上对效能的定义来看，效能是指事物所蕴含的有利的作用，完成组织项目战略目标的程度。而且学者们在对不同事物效能的研究中也提出了效能的不同内涵。对文献进行研究可得，专家们对效能的内涵界定主要是从两个方面出发的：一是实现目标的能力，二是完成目标的程度。相关观点如表 2-1 所示。

表 2-1　效能定义（1）

效能定义	学者	观点
完成目标的能力	Durcker（1966）[1]	选择适当的目标并实现目标的能力，即去做（并完成）正确的事情的能力
	张尚仁（2003）[2]	效能是指任何事物内部都隐藏着的一种能力，在一定的情况下，这种能力能够发挥出来，促进事物的发展
	包恒庆、汪旭东（2007）	效能即效能和能力，即事物所蕴含的有利作用，是主体自身内在的功效或能力
	霍海涛等（2007）[3]	组织效能是组织整个生命周期的能力集合，是组织竞争能力、创新能力和发展能力三个"可持续发展"能力的集合
	陈宇卿（2011）[4]	效能即有效的功能，从一般意义上说效能是指事物所蕴藏的有利、有效、综合的作用和效应

① Peter F. Durcker. The Effective Executive ［M］. Mechanical Industry Press，2009.

② 张尚仁. 行政职能、功能、效能、效率、效益辨析 ［J］. 广东行政学院学报，2003，15（1）：20-24.

③ 霍海涛，汪红艳，夏恩君. 组织效能影响因素实证研究 ［J］. 图书情报工作，2007，51（8）：38-41，57.

④ 陈宇卿. 中小学生学业效能：内涵、评价与提升 ［J］. 教育发展研究，2011（22）：28-34.

续表

效能定义	学者	观点
完成目标的能力	丁夏齐等（2012）①	管理效能就是组织各部分在实现管理目标时所显示出的能力和所获得的效果、效益和效率的综合反映

资料来源：笔者整理。

　　从上述学者有关效能的定义分析可见，效能一般指的是个体或组织具备的能力，是选择目标并实现目标的能力。而且这种效能是事物本身内在的功效或者能力，也是组织内部各种能力的一种综合体现。虽然这种能力可能是不明显的，但是能够帮助他们做正确的事、实现正确的目标、促进自身的发展。

　　以上文献的作者主要是从目标这一角度对效能的内涵进行界定的。虽然有一定的差异，但是整体上来说，都认为效能是一种实现目标的程度，是对目标完成能力和完成程度的有效衡量。此外，在其他领域，如军事、作战等的研究中，大多数学者也是从达成预期目标的程度来衡量效能的。

表 2-2　效能定义（2）

效能定义	学者	观点
完成目标的程度	Hitt, Middlen & Mathi (1986)，Robbins 等（1977）②	他们认为目前被学术界普遍认可的效能是达成目标的程度
	张幼铭等（2007）③	效能表面上是指办事的效率和工作的能力，但是实际上效能是衡量工作成效的尺度，即程度
	王小迪、陆晓芳（2012）④	企业投入资源后所达到的产出与预期目标的比值，由于效能的一些投入与产出均可以衡量，因此它是一种可量化、可比较的指标

　　①丁夏齐，龚素芳，郭毅. 不当督导对管理效能的影响及其作用机制 [J]. 科技管理研究，2012，18（55）：248-253.

　　② Robbins S. P., et al. Reconciling Management Theory with Management Practice [J]. Business Horizons，1977，2（2）：181-195.

　　③ 张幼铭，徐贤春，陆旭东. 高校管理效能的影响因素及提升策略研究[J]. 高等工程教育研究，2007（5）：82-85.

　　④ 王小迪，陆晓芳. 高科技企业人力资源管理效能研究 [J]. 社会科学战线，2012（4）：261-262.

续表

效能定义	学者	观点
完成目标的程度	Hackman（1983）[①]	认为团队的效能是团队最终活动的结果
	傅飞强（2013）[②]	效能一般指系统投入资源后，其产出达成预期目标的程度
其他定义	鲍俊雷等（2005）[③]	系统满足或完成一组特定任务的量度，也就是完成目标的一种程度。效能指标的评估主要是根据指定完成任务的程度来衡量的

资料来源：笔者整理。

通过对效能内涵的文献研究来看，当前学者对效能的定义主要是从事物本身具有的能力以及组织实现目标的程度这两个方面进行的。实际上，从完成一项工作或任务的效果来看，学者们对效能的定义均属于效能内涵的不同方面，该效能既包括了完成并实现目标的能力，也体现了完成目标的效果。因此，在效能内涵的界定方面，本书认为效能既包括了实现目标的能力，又包括了目标实现后带来的效果。此定义也是本书研究的出发点。

(二) 效能的要素与特点

1. 效能的要素

对于效能的构成要素，由于不同的学者研究的领域不同，因此在具体的指标要素上可能存在一定的差异。但是从整体上来看，大多数学者在对效能的要素进行界定时共同强调了目标、效率和效果等指标。

Durcker 指出，效能区别于效率，是选择适当的目标并完成目标的能力或者是组织实现其目标的程度。在这里效能目标是效能的前提，效能结果是效能的体现。在对管理效能进行研究时，丁夏齐等（2012）[④]认为，管理效能就是组织各部门在实现管理目标时所显示的能力以及由此获得的效率、效益

① Hackman J. R. Anormative Model of Work Team Effectiveness [M]. New Haven CT: Yale University, 1983.

② 傅飞强. 人力资源效能的评价指标研究——基于人力资源效能计分卡模型 [J]. 中国人力资源开发, 2013 (21): 33-39.

③ 鲍俊雷, 孙华燕, 宋丰华, 李迎春. 激光武器对抗效能指标体系研究 [J]. 装备指挥技术学院学报, 2005, 16 (3): 19-22.

④ 丁夏齐, 龚素芳, 郭毅. 不当督导对管理效能的影响及其作用机制 [J]. 科技管理研究, 2012, 18 (55): 248-253.

和效果的综合体现。在对人力资源效能要素进行研究时，饶征（2013）[1]把效益、效率、能力作为衡量人力资源效能的三个要素。这也是大多数学者在对效能要素界定时采用的方法。因此，本书在研究管理理论向实践转化效能要素时，选取了效能目标、转化效率以及转化效果三个要素来衡量。

其中，效能目标是进行转化的基础和主要目的。对效能定义时首先要有一个合理的、正确的目标，它对整个转化活动起着导向的作用。效能目标实现的程度也体现了效能的大小。从知识转化的目标角度分析，知识转化即将个人拥有的知识经过一定途径转化为组织的知识财富。而在管理理论向实践转化的整个活动中，转化的效能目标即实现管理理论向实践的迁移，使管理理论能够指导实践、在实践中检验理论，提高理论与实践互动的有效性。

转化效率即最大限度地利用可以获得的资源来实现转化效能目标的能力，主要是指转化的速度、转化所需要的时间以及转化的质量等要求。在管理理论向实践转化中，转化效率的快慢主要体现在管理理论的生成、转化、应用以及反馈的时间和速度等。

转化效果是转化后最终达到的结果，主要指转化的效能目标实现后产生的有利作用和带来的一系列成果。在管理理论向实践转化中，转化效果既包括了对理论的建构，也包括了对管理实践产生有利的促进作用（经济效益和社会效益提升等）。

效能目标的正确与否、转化效率的高低、转化效果的好坏直接关系到管理理论向实践转化效能的大小和实现转化效能的程度。而且效能目标、转化效率和转化效果始终贯穿于管理研究实践转化效能的全过程中，难以分离，因此在对转化效能分析时要充分考虑到效能要素的影响作用。

2. 效能的特点

效能是事物本身具有的能力，并且它可以衡量事物所能达到目标的程度。因此效能并不是表面上能够体现出来的，其具有自身的特点（包恒庆、汪旭东，2007）。

首先，效能具有潜在性。效能是事物具有的、体现在活动过程中的特性，它并没有明显的特征。而且效能必须依附于事物本身，离开了事物之后

---

① 饶征. 以效能为核心的人力资源系统运营与整合［J］. 中国人力资源开发，2013（21）：19–25.

效能也不复存在。只有具备了高效能的事物才能实现良好的效能目标。

其次，效能具有整体性。效能在活动过程中的不同部分中体现得不一样，侧重点不同，而且对实现整体目标的要求也不同。但是要最终实现效能目标，必须使效能贯穿于整个活动中，将各部分的效能综合起来，注重整体的效果，使整体的效能大于各部分效能之和。

再次，效能具有复杂性。效能作为事物本身具有的能力，在对目标完成程度进行衡量时受到多种因素的影响。这些因素不仅是事物本身具有的局限性，还包括在转化活动中内、外部环境，政策，人员等各方面的影响。在对效能进行衡量时一定要注意协调不同的影响因素。

最后，效能具有时间性。在效能目标实现的过程中，由于不同时间段的要求不是一成不变的，要求的变化对效能实现方式有不同的影响。因此要及时了解外部需求，调整效能目标。此外，效能目标的实现也是需要时间限制的。

对效能要素的界定以及对效能特点进行分析，我们可以看出效能具有独特性，而且在不同阶段对效能目标实现产生的作用也不相同。

二、效能评价的内涵与指标

明确了效能的内涵、要素和特点之后可以看出，效能可以应用于管理理论向实践的转化问题中。通过效能可以评价管理理论实践转化的目标、效率和效果，同时可以衡量理论实践应用的价值。下面主要介绍如何用效能来评价一个目标。

(一) 效能评价的内涵

效能作为个体或者组织具有的实现目标的能力和效果而言，其能力和实现的结果需要有一个判别的尺度。这个尺度就涉及了对目标实现能力和实现程度的衡量，这也就是对效能的评价问题。

效能评价是对某一理论对象的作用和价值，由其原理出发，按照特定的准则做出判断，一般指采用量化的手段评估其完成任务时所能达到的预期目标的程度。评价的前提是首先根据任务和目标，定义效能分析的目标和衡量标准，在此基础上计算系统在不同状态下完成规定目标能力的概率（鲍俊雷等，2005）。而且效能评价是管理科学中行之有效的工作方法之一，指管理者权衡组织众多目标的价值后，用一种特定的、可操作的模式将各种衡量标准综合起来，形成能够实现自己综合目标最大化的组合（王洁宁等，2013）①。

因此，效能评价就是先按照科学性、可行性和客观性等原则对事物完成目标的能力进行估计，然后用一定的标准对其结果进行衡量以实现综合目标价值最大化的一种方式。

（二）效能评价的指标

要实现对效能的恰当评价，就需要通过选择一定的指标来分析。但是，由于应用效能评价涉及的对象不一，有的是评价人力资源管理效能，有的是评价组织效能，还有的是评价系统效能等，因此以往提出的效能评价指标在表述中存在一定的差异。不过大多数评价都是从实现目标的能力和结果这两个方面来理解效能的。

Hackman（1983）②认为，团队的效能是团队最终活动的结果，它可以从三个方面来评价：一是产出结果，二是成员满意感，三是继续合作的能力。窦海波等（2015）③认为，团队效能的评价应当从成绩指标和过程指标来进行判断。

在对人力资源效能进行评价时，Stephen Gibb（2000）④认为，需要从内部和外部两方面来评价人力资源的效能。李浩（2011）⑤提到了用技能、效率、效益、质量指标来评价战略人力资源效能。傅飞强（2013）⑥把评价指标分为四部分，即财务层面、客户层面、运营层面以及战略层面。饶征（2013）⑦认为人力资源效能包含三个基本要素，即效益、效率和能力。

① 王洁宁，郑国强，李端杰，方景敏. 基于效能评价的城市绿化现状调查方法研究［J］. 小城镇建设，2013（10）：56-60.

② Hackman J. R. A normative Model of Work Team Effectiveness［M］. New Haven CT：Yale University，1983.

③ 窦海波，姜慧涛，董斌. 集体球类项目团队效能内涵及衡量指标研究［J］. 河北体育学院学报，2015，29（4）：66-70.

④ Gibb S. Organizational Learning and the Learning Organization：Developments in Theory and Practice［M］// Organizational Learning and the Learning Organization. Sage Publications，2000.

⑤ 李浩. 企业战略人力资源管理效能评价指标体系的构建［J］. 商业经济评论，2011（10）：69-70.

⑥ 傅飞强. 人力资源效能的评价指标研究——基于人力资源效能计分卡模型［J］. 中国人力资源开发，2013（21）：33-39.

⑦ 饶征. 以效能为核心的人力资源系统运营与整合［J］. 中国人力资源开发，2013（21）：19-25.

李向荣等（2013）[①]从管理效益（经济效益、社会效益）、质量、时效、执法能力这四个指标对工商行政管理效能进行了有效的评价。赵瑞美（2009）认为，效能评价指标主要包括识别并做正确的事情、达到目标的程度、计划目标完成或实现的情况，就是从制定目标到实现结果的过程中出发的。

此外，在对军事系统的评价中，魏国敏等（2014）[②]认为，应急投送保障基地综合效能指标体系（以下简称"综合效能指标体系"），是指衡量基地全系统、全要素、全过程综合保障能力程度的总体指标。孙作玮等（2015）[③]认为，反鱼雷作战效能评估体系主要是从目标探测能力、机动能力、毁伤能力、追踪能力、战备完好性几个指标进行评估的。

不论是从团队效能、人力资源效能还是从系统效能的角度出发，对效能进行评价就是对事物所具有的能力以及对目标的实现程度的衡量，评价指标的选取大多数是从过程和结果出发的。因此本书效能的评价指标也是从管理研究成果的预期效能、转化过程效能以及结果效能三个方面进行分析得出的。通过对转化过程的三方面分析，得到能够衡量转化效能高低的指标。

三、效能在本书的应用价值

由于管理研究场域与管理实践场域存在一定的差异和距离，因此理论与实践脱节的问题一直难以得到有效的解决，这对两个场域的发展具有一定的阻碍作用。本书从效能这一视角来探究管理研究场域和管理实践场域之间的互动性问题，对解决管理理论成果向实践场域转化的问题具有一定的启发意义。

首先，能够为管理理论与实践脱节现象的产生提供原因解释和程度说明。脱节主要指的是管理理论向实践转化的过程中存在一定的问题导致理论难以有效地应用。但是对于如何界定脱节的问题，即在转化过程中出现的问

---

① 李向荣，水汉林，张士茂. 提升工商行政管理效能研究［J］. 中国工商管理研究，2013（4）：53-57.
② 魏国敏，陈兆仁，李玥等. 基于 ISM 的应急投送保障基地综合效能指标体系研究［J］. 军事交通学院学报，2014，16（8）：60-64.
③ 孙作玮，陈航，黄青. 基于双模糊度层次分析法的反鱼雷作战效能指标权重确定［J］. 鱼雷技术，2015，23（3）：227-231.

题达到何种程度才够得上脱节的问题并没有清晰的界定。本书引进效能的定义，从转化的效率和效果两个方面来界定两个场域之间的互动转化，这对明确脱节问题并解决脱节问题具有一定的启发意义。

其次，能够为管理研究者提供选题的方向，进而提高研究成果的实践应用价值。从效能的角度出发，通过对管理研究成果向实践场域转化的全过程的研究，提出评价转化效果的指标，不仅是管理研究方面的创新，而且可以帮助管理研究者确定研究选题，保证管理研究从实践中来、到实践中去，进而提高管理理论实践转化的效率和效果，这对解决理论与实践场域之间的脱节问题具有良好的作用。

再次，能够为实践者应用已有的成果提供实践价值检验。本书构建了衡量管理理论向实践转化的效能指标体系，该体系从理论研究、理论转化到理论应用三个部分综合分析了影响转化效果的因素。通过对效能指标体系的研究，不仅能够帮助研究者产生具有实践导向的理论，而且能够帮助实践者检验已有的研究成果的实践价值，即根据该指标体系来确定所要应用的研究成果是否具有解决实际问题的能力等。在此基础上，帮助实践者选择适应企业状况的理论做指导。

最后，通过引进效能来研究管理研究成果向实践转化的能力和效果具有整体性和全面性。效能不仅仅包括了管理研究场域的能力和效果，更体现了转化的能力以及实际的应用能力和效果。它将理论研究、转化与实践应用三个过程有效地结合在一起，明确了各部分的影响因素以及相互之间的关系，这对于提高转化效率和效果具有重要的指导作用。

因此，引进效能来研究管理研究成果向实践场域的转化具有较强的实践应用价值。只有有效的评价管理研究、转化以及应用的能力和效果，才能找出影响转化效果实现的因素，进而解决问题。有利于管理研究成果向实践场域传递和应用。

第三章 管理研究与实践的场域主体分析

无论是在管理研究还是在管理实践中，其场域都离不开人与组织，即场域的主体，这与管理研究和实践存在的脱节、隔阂，实际上与两个场域中主体结构特征的差异是分不开的。因而，了解两个场域的主体结构及其特征是揭示其互动关系的基础之一。

第一节 管理研究场域的主体

管理知识的生产主要由管理研究场域的知识工作者完成，这些知识工作者基本都位于不同的机构当中，他们构成了管理研究场域知识生产和传播的主体。

一、管理研究主体

管理研究主体既是管理知识的生产者，也是管理研究向实践转化的重要推动力量，所以管理研究主体是管理研究向实践转化过程中的重要变量。邱高会、郭军（2004）[①]将我国的科研主体分为五类，即个体层次、团队层次、机构层次、国家层次和国际层次。西方管理学在百余年的发展历程中，从科学管理到行为科学再到现代管理，专家学者、工程师、企业家等不同的职业群体在不同的阶段发挥了各自应有的作用。

---

① 邱高会，郭军. 论我国科研活动主体的层次性 [J]. 科学管理研究，2004（5）：93-95.

二、管理研究主体的构成

本书把管理研究场域的研究主体划分为组织层面和个体层面。其中，组织层面主要指科研组织和管理咨询机构，个体层面主要指专家学者和咨询顾问。

（一）组织层面

1. 科研组织

科研组织是根据科学技术发展的特点，把人力、资金和设备科学地结合在一起，建立科学研究的最佳结构。科研组织结构可以有效地提高科研工作的效率。管理研究主体中的科研组织主要有以下几种：一是各大高校设立的商学院、管理学院及其下属的某些研究性机构，例如，北京大学中国经济研究中心、南开大学创业研究中心等；二是由企业出资建立，以企业高级管理人员、一流的商学院教授及专业培训师为师资的企业大学，例如，湖畔大学、万达学院、腾讯学院、海尔大学、华润大学等；三是隶属于企业集团的、具有较高层次和较高水平的技术、战略开发机构，即企业研究院，例如，中国石油勘探开发研究院、钢研集团冶金自动化院、中石化石油化工研究院等；四是在企业设立的博士后流动站，例如，中铁一局博士后工作站等。

2. 管理咨询机构

管理咨询机构作为一类重要的管理研究主体，近年来得到了迅速的发展，俨然成为了企业的"高参"。管理咨询机构作为连接管理研究和实践应用的重要、特殊的桥梁，将晦涩高深的管理理论转化为实践所需的管理技术，在管理研究向实践的转化中有着独特的价值。

由于市场需求全面启动，再加上 MBA 人员的大量增加，我国管理咨询业的从业公司数量剧增，总体上分为三类：第一类为麦肯锡、埃森哲、波士顿、罗兰贝格等国际咨询公司，以其丰富的经验和优秀的人才等占领了市场份额的 50%以上。第二类为本土成长起来的一批提供高层次管理咨询服务的管理咨询公司，如新华信、和君创业、北大纵横等，这些公司实力雄厚，聚集在北上广深等人才汇集的一线城市，咨询人员一般来自知名企业、高校等，深谙现代企业管理和中国特殊情境，这些咨询机构的建议相对于国外咨询机构来说更符合中国企业的实际，受到企业界的欢迎。第三类为专业咨询公司，在营销、人力资源、ERP 和供应链管理等方面提供咨询。

（二）个体层面

1. 专家学者

专家学者（也包括博士研究生和硕士研究生）不论是从管理研究的影响力上，还是从管理研究成果的数量上都居于主导位置。大学中的专家学者以进行管理研究为主，以创造知识为业。从研究经验和学科背景来说，专家学者也分为学院派和实践派。学院派倾向于从学科发展的逻辑和个人的兴趣来选择科学研究的问题，进行科学知识的生产，学院派专家学者的研究工作面向实践问题，往往会产生严重的脱节，沦为学术同行之间的自娱自乐，理论在实践中表现为低效、脱节甚至误导实践者。而实践派则充分考虑企业的知识需求，把科学研究的学术使命与实践需要或问题结合起来，实践派的专家学者积极参与理论研究在实践中的传播应用工作，实践导向的意向明显，注重与实践者的交流沟通。近年来，专家学者们所在的高校成立了各种专业的研究中心，专家学者们的实践导向已经有所改善。

2. 咨询顾问

咨询顾问实际上也是构成管理咨询机构的主要人员，这些人员中以 MBA 学员、转行的经理人为主，高校中部分专家学者也参与或建立了一些管理咨询机构。总体来说，这些人员中既有理论功底扎实的学术专家，也有实践经验丰富的经理人，知识和经验在组织中不断碰撞和交流。

除了上述主要的管理研究主体外，还有非政府组织（NGO）和媒体。各种形式的 NGO 有着各自专注的方向和领域，比如 ISO 组织、国际电信联盟等，它们也是不容忽视的一类管理研究主体。首先由媒体，比如财经媒体，对管理现象、危机事件等的跟踪研究、系列报道进行现象研究，引起其他人包括教授、企业家在内的管理研究主体的关注，然后由教授对现象背后的机制原因进行深入研究，教授和企业家一同跟进寻找对策。

三、研究主体的特征

对管理研究主体的特征分析的对象限定在国内管理研究主体。在国内的研究主体中，专家学者又占主导地位，所以在下面分析管理研究主体特征的过程中，很大的篇幅是用来分析专家学者这一研究主体的特征。

（一）层次性

每一类管理研究个体内部都存在层次性，就我国目前的管理研究主体——专家学者来说，从清华大学、北京大学、复旦大学等高等学府到地方性的本科院校，其中的管理研究主体关注问题的层次有很大差别，与其合作的机构也有天壤之别。我国一流学府中的研究主体多关注我国的宏观问题，与国家层面的政府机构、学术机构交流合作，或者与国外一流大学合作解决管理难题。而地方类高校则致力于消化、吸收已有的管理研究，转化为适用当地管理情境的地方性知识，在应用层面上解决当地的问题。

从距离实践远近的角度也可以分析管理研究主体的层次性，例如，把从事管理基本理论或基础知识研究的研究主体称为近理论研究主体，主要是指大学、科研机构的知识工作者；把以管理实践为研究中心的管理研究主体称为近实践研究主体，主要是各个企业中围绕企业战略发展而开展研究的实践性研究主体；这二者之间的研究主体称为平衡性研究主体，主要指应用各种管理理论和经验知识从事企业咨询实践的咨询工作者。

（二）研究主题与兴趣的多元性和分散性

由于管理研究涉及多个领域，而不同研究主体基于自身兴趣的情况会选择不同的研究领域，这就会导致研究主体研究领域的多元性和分散性。即使在同一研究领域，不同研究主体的研究主题、兴趣也会不同。即使主题相同，但是进行研究所用的方法又会具有高度的分散性。有的研究主体喜欢从定性的角度对事情进行分析，但是有的研究主体偏爱从定量角度来研究，喜欢用数据说话。因而有可能对于同一研究主题，研究主体也会有不同的观点，甚至彼此之间难以信服。

（三）研究主体之间的竞争性

研究主体之间的竞争性主要是指研究主体对主题、资源、声誉和影响力等方面的争夺。例如，在课题申报阶段，从最初的选题到课题申报，有的研究主体以个人形式进行申报，有的以同事式、师徒式等强关系的熟人群体进行申报，还有的以合作式的弱关系进行申报。在这一过程中，不同研究主体的个人或团队就资金、主题等其他资源进行争夺。而在课题结项时，就管理研究这方面来说，主要是以专著、论文等形式作为结项。在这一环节上，研究主体之间就有限的杂志资源、版面等产生争夺。

(四) 追求知识的普适性

知识的普适性是指知识能够普遍适用于同类对象或事物的性质。不论是哪一类研究主体都希望产生的知识和理论能够对现实问题或学科具有普适性，即他们希望所产生的知识和理论不仅要能够解决现实中的一类问题，还要能够解决很多不同种类的问题。只有这样，这种理论或知识才是有效的。

第二节　管理实践场域的主体

管理实践主体是相对于管理研究主体而言的。人们习惯上将实践主体所处的领域称为实务界，将实践主体称为实践者或实践客户。广义上，将一切围绕经济效益目标和经济资源竞争而开展管理工作的个体与组织称为管理实践者。

孙继伟 (2011)[①] 在探究评价实践派理论优劣的指标时指出，管理理论的实践客户包括组织和个人两个层次，对组织层次而言，根据理论应用领域的不同，可以将组织划分为企业、政府、非政府公益组织三大类。

一、管理实践主体的构成

本书参照孙继伟的观点，将管理实践主体分为组织和个人两个层面。其中，组织层面包含国家及地方政府、非政府公益组织及企业三大类；对于个人层面的探讨，本书主要从企业的角度来分析管理实践主体，并将其划分为以企业家为代表的领导者、以职业经理人为代表的组织管理者和以职工为代表的基层人员三大类。

(一) 组织层面

郭重庆 (2008)[②] 在研究我国管理学界的社会责任和历史使命中指出，管理实践研究的核心目的应该是指导我国经济和社会发展的管理实践并提升其成效，是我国管理学界重要的社会责任和历史使命。也可以说，国家及地

---

① 孙继伟. 论实践派管理理论的评价 [J]. 管理学报，2011 (6)：805-810.
② 郭重庆. 中国管理学界的社会责任与历史使命 [J]. 管理学报，2008 (3)：320-322.

方政府是宏观经济管理的实践主体。

1. 国家及地方政府

国家是主权国家和地区经济与社会发展的现实管理主体，它们在实践的工作中需要大量的管理研究成果来指导宏观经济和社会管理实践（陈劲、王鹏飞，2010)[①]。各级政府作为一个组织，同时也是一个实践场域，在其运行过程中同样会存在结构、管理等方面的问题。管理研究场域所产生的相关结论也会被迁移到政府组织的场域当中。例如，针对部门的设置及其之间的联系、对工作人员的激励和奖惩等问题采取合适的解决方法，就需要相关理论知识作为基础和参考。

2. 非政府公益组织

非政府公益组织作为一个带有"公益"属性的实践场域，得到人们更多的关注，其管理、运作水平的高低更是直接影响人们对它的态度。"郭美美事件"、宋庆龄基金会 1810 万元"丢失"事件，不管事件的最终结局如何，都令我国的慈善事业遭受到巨大的信任危机。这当中反映出的就包括该类场域内部管理意识陈旧、管理制度落后等问题。因此，在内部，该类场域具有获得先进管理理论指导的强烈动机；在外部，该类场域又具有获得先进管理理论指导的广泛期望。

非营利原则一直以来都是我国公益机构活动的基本准则之一。刨除这个因素，在非政府公益场域中进行管理研究结论的实践，就与管理研究主体所追求的"学术价值"更加贴近，也更利于实践活动的进行。

与此同时，对于那些需要较长反应时间的管理研究结论来说，该类场域比企业更具实践的可能性。价值取向的差异使该类场域有更多的耐心等待新的管理思想、模式等发挥作用，而不像企业那样追求"立竿见影"的效果。

3. 企业

企业是管理理论研究的主要对象，是管理研究所得出结论的最主要的实践场域。相较于前两个场域，企业所处的场域面临着巨大的行业竞争压力，尤其是在全球化浪潮愈演愈烈的当下，一个不恰当的战略决策就可能导致整个企业的失败。诺基亚手机品牌由成功走向失败的案例就是其经营管理主体

---

① 陈劲，王鹏飞. 以实践为导向的管理研究评价 [J]. 管理学报，2010 (11)：1671–1674.

决策失当和文化转型失败的结果。

对于不同的企业来讲，管理研究成果的实践效果也是不同的。根据企业自身所拥有的资源、所采取的战略及所拥有的竞争优势等，可以将企业分为三类：领先企业、转型发展企业和落后企业。一般来讲，前两类企业自身的管理水平较高，有一套适合企业本身的管理模式，它们可能并不关注新的管理理论。而对于落后企业来说，本身管理存在的缺陷反而阻碍了它们对于新的管理理论的吸收和理解。张玉利（2008）[①]认为，现有理论会落后于先进企业的实践，而落后企业则难以接受已有的管理理论。

作为管理研究成果应用的主要实践者，其实践者的身份也得到了各方的重视。产学研合作项目的推出，就将科研机构、高校等场域的研究成果输送到企业场域进行实践，以促进企业场域的发展。

(二) 个体层面

组织是作为一个整体存在的，像组织文化、组织结构等都是对组织的一种整体感知。但在管理实践中，组织的运作主要依赖于企业家和经理人，也就是说组织实践的现实主体基本上是由经营者个体和群体构成的。

1. 以企业家为代表的领导者

企业家是企业的领导者，是企业的掌舵人。企业家作为企业最重要的利益相关者和企业决策的制定者，其价值取向、对新理论的态度等都会对管理理论在企业中的实践起到决定性影响，尤其是在我国广为存在的"一股独大"的家族企业背景下，企业家能力水平的高低有时会决定一个企业的成败。当然，企业家越来越发现扎实的理论基础、持续更新的知识储备对于治理好一个企业的重要作用。许多企业家越来越多地参与到管理科学知识的学习和分享当中。

2. 以职业经理人为代表的组织管理人员

职业经理人是企业最为核心的人力资源，对企业的经营绩效有十分重要的影响。虽然我国的职业经理人队伍正在不断壮大，但由于其兴起的时间不长，各项制度还尚不完善，导致现如今我国的职业经理人素质良莠不齐、行为不规范、难以管理。因此，管理研究者也开始重视对于职业经理人的相关

---

① 张玉利. 管理学术界与企业界脱节的问题分析 [J]. 管理学报，2008（3）：336–339，370.

研究，包括管理制度、激励与约束、薪酬以及与企业家的关系等。这些研究对于不断完善职业经理人制度、激发职业经理人的工作热情、规范职业经理人的行为等具有十分重要的价值。

3. 以员工为代表的基层人员

针对不同的管理理论，其最终的实践者往往也是不同的。员工作为企业战略和决策的最终执行者，对企业的发展承担着至关重要的责任。如果只有管理者的思想，而没有员工的有效执行，企业的发展无异于"高屋建瓴"，其最终的结果必然是失败。

企业界早已达成共识，即人力资源才是企业最重要的资源，也是企业获得竞争优势的最主要来源。如何充分发挥企业员工的潜能、激发企业员工的工作动机、提高企业员工的工作绩效等针对企业员工的问题得到管理学者们广泛的、长期的关注，他们也进行了大量的研究，并在员工身上得到了充分的实践。例如，马斯洛提出的需求层次理论就是针对员工的需求进行适当的激励，实践者显然就包括企业员工。最早以员工为研究对象的科学管理理论虽然是由企业管理者决定在企业中采取该管理模式，但对计件工资制等具体措施的实践效果的检验，最终还是要通过这些员工进行。

二、以企业为代表的实践主体特征

企业的本质属性中营利性仍然是这一组织的基本属性，甚至其一切经营管理活动都是以营利为目的的。因此，企业的主要诉求必然是业绩和目标。在该诉求下，企业作为实践场域最具代表性的实践主体，具有以下特征。

(一) 追求实用性

实践主体之所以决定采用理论界的知识，主要是寄希望于理论研究成果能够指导其管理实践活动，改进其管理实践的成效，从而实现企业目标，创造价值。德鲁克曾说过："管理的本质不在于'知'，而在于'行'。" 在价值导向上，不同于管理研究主体的学术价值导向，实践主体表现出的更多的是解决实际问题导向。但从实践主体角度出发，现在的管理研究越来越缺乏实用性，就像 Susman 和 Evered（1978）[①] 认为，现在理论的研究方法和技术

---

① Susman G. I., Evered R. D. An Assessment of the Scientific Merite of Action Research [J]. Administrative Science Quarterly, 1978, 23 (12): 582-603.

越来越复杂化、严格化，研究对于解决实际问题也越来越没有用。

（二）追求时效性

管理实践主体对知识的追求是面对实际问题时的快速反应而不一定是对事物的准确把握。知识经济的快速发展、全球化浪潮的不断加剧以及科学技术的更新周期缩短，使企业和企业管理者都处于复杂的、快变的环境之中，谁能在变幻莫测的内、外部环境中占得先机，谁就能够在激烈的竞争中获得更多的竞争优势。时效性对企业的发展至关重要，ABB 的总裁 Barnevik 说过："我宁肯要基本正确和快速反应，也不要非常正确和反应迟钝。"

但是，过于追求理论成果的时效性，对实践主体而言并非一直是一件好事，有时可能会导致错过有价值的理论成果，因为很多理论产生效用需要一个较长的时间周期。有学者通过对发表于顶级学术期刊并被大量引用的论文的实证研究发现，高质量的研究成果往往在 4~6 年之后被引用率才会明显增长。因此，对实践主体而言，用发展的、长期的标准来判断和评价一个理论成果，是很有必要的。

（三）追求效益价值性

管理研究的根本目的是为了解决组织管理中所面临的各种问题，为企业带来效率的提升、成本的降低以及股东利润的最大化。上述几个方面是企业生存、发展最基础也是最重要的因素，也是实践主体所追求的效益价值性。因此，实践主体对于管理研究成果的期待值极高。也就是说，管理研究成果的效益价值性是实践主体追求管理改进、理念使用、方法引入和组织变革等方面的主要出发点。

然而，管理研究的出发点虽然是为企业所面临的实际问题提供解决方法，但是，很多时候实践主体在应用管理研究成果后往往无法实现预期的效益价值。这其中的原因可能出在研究过程本身，也可能是因为实践主体应用不得法。无论是出于何种原因，都可能造成实践主体对管理研究成果产生质疑甚至失去信心。因此，管理研究主体在保证研究成果具有科学性与实践性的同时，还应指导实践主体进行正确的使用。就这一点而言，目前无论是国内还是国外的管理研究主体都尚未达到。

第四章 管理研究与实践的场域结构关系

在管理学科和工商实践领域，管理研究与实践是两个不同的社会空间，也就是说，这二者可以看作是两个相对独立的不同场域。每个场域都有其特定的结构，其内部也都有各自运行的一套逻辑。不同场域由于制度、文化、规则、价值观等的不同必然会导致惯习的不同。同样地，管理研究场域和实践场域都有着各自不同的惯习。二者内在的场域结构关系不同，而二者之间的关系因为结构性质与惯习的差异，其互动关系存在事实上的疏离感。

第一节 管理研究场域的结构关系分析

管理研究场域的基本活动是管理知识的生产和管理知识的转化传播（分为同行间的传播和向实践的传播），而管理研究向实践的转化这一过程中的首要关键点就在于管理知识的生产，而这与管理研究场域及其中的惯习、资本密切相关。

一、研究场域结构分析

（一）管理研究场域内涵

布迪厄笔下的场域是各种位置构成的关系网络。基于场域惯习理论，对管理研究场域可进行以下界定：管理研究场域是在管理学科高度分化并集聚的基础上，以管理知识的创造与传播为纽带，形成的跨时空、跨组织的知识建构、信息传递、研究交流与评议的结构空间，它是管理研究主体在管理知识生产过程中的各种关系的网络集合。管理研究场域包括管理研究主体、物质与非物质资源条件以及作为协调因素的政策、规则、制度等。

从关系的角度看，管理研究场域要从管理研究主体的内在结构和内在关系来思考。首先，管理研究场域可以分为以下子场域：管理研究主体子场域、管理研究相关制度的子场域（分配、沟通、协调）、管理研究物质资源的子场域（资金支持、学术资源会议图书馆、校企合作、产学研等），各个子场域之间相互作用，推动着管理研究场域的发展。其次，在管理研究场域内部，按照细分学科进行横向划分，按照知识层级分化导致了管理研究场域的纵向分布。横向分布导致管理研究场域中划分出了热门、冷门研究领域，纵向分布产生了研究主体的学术分层结构，进而导致管理研究场域中资源、权力的不均衡分配，甚至出现资源向研究群体与机构的阶层金字塔尖集中的现象。

（二）管理研究场域与权力场域的关系

布迪厄将权力场域作为场域结构系统中的元场域，是探究任何类型场域结构关系不可缺少的一环。也就是说，在研究某一场域时，必然要探讨这一场域与更高层次的权力场域的关系。对管理研究场域来说，权力场域对其有重大影响甚至是被形塑与被支配的关系。管理研究场域内部也具有权力分配的结构，个体必须在管理研究场域中确定自身的位置，并在权力结构关系中展开自己的行动。例如，在我国，学术权力场域与行政场域有很强的关联性。这与我国学术资源特别是项目与经费分配体制、大学管理体制有着密切的关系。在我国学术界，课题资源、项目经费管理主要是一种由政府向学术机构逐级分配的模式，而大学管理体制具有明显的行政官僚体制特征。这两种必然使研究机构的学术权利依附于行政权力，或者说行政权力对学术权力的运作具有重要的影响。例如，袁成同（2012）[①]从学术评价制度变迁的角度分析得出：学术评价制度是学术场域与权力场域互构的结果，权力场域中的政府治理模式形塑了学术场域自主性的大小，也间接影响了学术评价制度，而学术评价机制反过来也影响了政府的治理模式。在我国的大环境和惯

---

① 袁同成. 我国学术评价制度的变迁逻辑考察：基于学术场域与权力场域互构的视角 [J]. 华中科技大学学报，2012（5）：112–117.

习的影响下，权力场域和管理研究场域之间基本上形成了比较"默契"的相互作用。

管理学科在社会学、心理学和经济学三者的基础上发展而来，逐渐形成了较为完善的理论体系和逻辑架构。从管理研究场域的发展来看，其外部依赖性在降低，场域独立性在加强。理想化的状态下，管理研究场域是管理研究主体按照"学术为业"这一共同认可的行动规则建立场域并在场域中展开自己的活动。但现实中，权力场域在相当程度上影响和支配着管理研究场域，这种影响和支配可能不是直接发挥作用，而是通过场域中的制度（如评价体系）发挥作用，这些制度往往是与权力场域、实践场域契合的结果。

具体来说，在我国的现实中，很多管理研究场域中的评价机构和主管部门本身就是政府部门，所以权力场域中的主体政府（包括委员会、社会科学院等）形塑了管理研究场域自主性的大小，也间接影响了学术评价制度。管理研究场域中少数学术精英大都兼任知名期刊、研究机构、行业委员会要职或者担任政府部门顾问，这些人更容易获取资源和影响政府的决策。相对处于从属位置的管理研究主体，对于场域中的评价制度、资本分配等默认了其存在的合理性，在这样的场域中进行管理研究的生产。在这样的情况下，除非权力场域推动管理研究场域变革，否则管理研究场域由于缺乏反思与行动很难自我变革。

通过上述分析管理研究主体在场域中处于相对弱势的位置，权力场域掌握着管理研究场域中经济资本、社会资本等的支配，管理研究主体不得不迎合与其他场域相契合的制度，由此，管理研究主体的独立性和场域的自主性受损。这对管理研究向实践的转化来说，可能的影响有：唯政策是从，务虚不务实，为了管理研究主体的一己私利而不顾实践需求，即在权力场域的影响下，管理研究主体与现有的管理研究场域之间存在着相互依赖又相互强化的关系，从而使场域中各种关系背后的冲突得以掩盖。

管理研究场域的现状不是一天形成的，短期内亦难以改变。加强管理研究场域的自主性对解决脱节问题、改善管理研究向实践的转化有重要的积极作用，这既需要场域结构的变革，也需要管理研究主体发挥主动性与能动性。

二、管理研究场域中的惯习

惯习是行动者的直接体验，具有次级客观性的惯习是初级客观性在身体层面的内部化。作为性情倾向系统，惯习以某种大体上连贯一致的系统方式对场域的要求做出回应。惯习通过将过去的经验结合在一起，时刻都作为行为的母体发挥作用，从而有可能完成无限复杂多样的任务。所以，惯习是生成策略的原则，这种原则能使行动者应对实践中各种未被预见的环境。

管理研究场域和管理研究主体的惯习之间是"生成与建构"的关系，管理研究主体的惯习是一种知觉、感觉和评价系统，作为一种性情倾向系统，其包括管理研究主体所拥有和追求的思维方式、行为准则、价值观念、制度规则、工作环境等。管理研究场域的惯习不是管理研究主体的某个单一的行为、态度、模式，而是一个系统化的行动单元。例如，任何受过系统科学专业训练与规训的研究主体，他/她在选取或面对一个专业问题时，都会习惯性地使用概念或理论作为思维材料，依据学科专业规则与经验收集资料或素材，按照科学方法或实验规则开展过程研究，遵循客观、中立的价值无涉原则验证或推导结论，按照学术语言风格呈现研究的成果。这种行动样式其实就是管理研究主体的惯习之一，并且是核心的惯习。当然，不同专业的不同研究者的研究经历和经验不同，也会由此形成各自不同风格的研究惯习。

管理研究场域中的惯习，像其他场域惯习一样具有历时生成、复杂可变的特征。这种惯习可能对管理研究场域或研究主体有促进作用，也可能会阻碍或抑制场域健康发展或研究主体的能力成长。例如，21世纪以来我国管理学界兴起的"实证研究"学术研究范式让大部分管理研究主体习得了实证研究设计、数据获得、统计分析、论文规范方面的研究惯习，并且形成绝大部分学术刊物优先刊发（甚至只刊发）实证文章的惯例或制度。这让管理学学术场域几乎形成了"唯实证主义"场域惯习。这种惯习对于推动中国管理学界的科学定量研究，培养科学规范研究习惯无疑有重大贡献。但"唯实证主义"场域惯习却对管理研究的方法多样性，特别是管理思想多样性思辨与推演产生了重大的抑制作用，并最终影响了管理学科的健康发展。

三、管理研究场域中的资本竞争

场域是一个充满竞争的环境，以其占有的资源为手段，以占有更为有利的位置为目的，在这一竞争过程中不断进行循环。在这一场域中，参与主体彼此竞争，以确定对场域中发挥作用的各种资本的垄断——在管理研究场域是学术权威，就如同在宗教场域是司法权威——和对规定权力场域中各种权威形式间的等级序列及换算比率的权利的垄断。[①]在争夺的过程中，随着各种资本形式的分布和相对分量的改变，该场域结构也随之改变。

管理研究主体进入管理研究的生产场域，就意味着加入了由众多异质性的专家学者、咨询机构等构成的社会空间，他们占据不同的位置，每一个进入管理研究场域的主体的位置变动都会带来场域结构的变化。

（一）资本类型和资本竞争逻辑

在管理研究场域中，布迪厄资本中的经济资本、文化资本和社会资本在管理研究场域的竞争中均有涉及，其中文化资本占据主导。在管理研究场域中，经济资本主要有课题项目的资金、研究所需要的场所设施，来源包括政府拨付、企业费用支持以及 NGO 支持等；文化资本主要包括综合研究素质（研究方向、知识结构、研究方法）、教育经历以及相关的学术资格认定（证书）、影响力等；社会资本包括行政职位与职称、学术声望、社会关系网络等。总体而言，个体性与组织性两类管理研究主体对于管理研究场域有着各自不同的竞争特点和策略。

个体性研究主体对于资本的竞争主要在于与个体切身利益息息相关方面的资本争夺，比如专家学者主要是对课题项目中的资金、研究经历、学术声望等的争夺。多数专家学者的职业生涯都经过以下过程：获得博士学位—选择学术机构从事学术研究和教学—申请课题—发表论文—被评价、被引用或获得学术奖励—职称评定或获得学术头衔[②]。在研究场域中，优质期刊、职位、职称等可以占据场域中更为有利位置的资本有限，因而处于职业生涯上升通道中的研究主体彼此之间的竞争必然激烈。在研究项目的资本争夺方面

---

① 皮埃尔·布迪厄，华康德. 实践与反思——反思社会学导论 [M]. 北京：中央编译出版社，1998.

② 阎光才. 学术认可与学术系统内部的运行规则 [J]. 教育体制与结构，2007，28（4）：21-28.

也一样如此，学者凭借已有的文化资本与社会资本参与项目课题的申请和评选，谋取在管理学术资源场域中最合适、最有利的生态位。如果研究个体感觉自己的文化资本和社会资本不足，他们可能与其他主体进行合作，优势互补，这成为最佳选择①。

组织性研究主体侧重于文化资本或经济资本的争夺。科研组织主要是对组织资源、话语权的争夺，在这一过程中，科研组织很大程度上依赖于其已积累的学术研究基础、学术队伍能力，其过去的学术研究课题和成果越多，课题与成果的影响力或等级越高，则该科研组织在管理研究场域就越具有话语权。而管理咨询机构则主要在于客户资源的争夺，它在很大程度上依赖于其过去成功的咨询案例建立起来的权威声誉，当然也有小部分的学术论文发表和学术模型的提出，比如波士顿咨询公司提出的波士顿矩阵，这都会带来文化资本和社会资本的增加、更好的社会声望与知名度、获得时间客户的认可，在新一轮经济资本争夺中占得先机。与此相反，一个失败的咨询案例则会急剧削减其原有的文化资本和社会资本，在影响力上，失败案例比成功案例更大，会产生相对负面的行业影响力。管理咨询机构在直接面对实践主体与市场竞争的过程中，在市场化的运作过程中已经实现了经济资本的自给自足，其自主性相对高于专家学者。

(二) 管理研究场域中的资本竞争特点

在管理研究场域的资本竞争中，成就突出的研究主体的个人优势往往会放大为团队优势，其研究成果、成功的咨询案例一旦被认可，就会逐渐形成一种"马太效应"。在"马太效应"的循环中，主体的资本变化，在场域中的位置因此变化。这也意味着该研究主体在学术场域的影响力和资本争夺能力的大大增强。

在管理研究场域的实际竞争中，也存在着相当部分的主体默认现有的资本格局，默认或是为了获得某种利益而认可被排斥和被压制的现实，这种无意识的场域契合实际上是逃避竞争，默认现有支配现状的"合法"。这种默认管理学术场域的资本竞争结构，特别是话语权结构的行为，不利于管理学术和学科的健康发展。

---

① 郭凯. 文化资本与教育场域——布迪厄教育思想述评 [J]. 当代教育科学，2005 (16)：33-37.

管理研究场域的竞争并不是不加掩饰的权力斗争，而是一种基于彼时场域学术建构规则的场域位置的竞争。几乎所有管理研究主体都必须在彼时管理研究场域的形塑下，遵循管理研究场域内部的规则，开展场域资本、权力和话语能力的争夺，而这种争夺又将加强管理研究场域自主性和自身逻辑的形成。

第二节 管理实践的场域关系分析

实践过程是已经产生的管理研究的实践操作阶段，是管理研究的社会效果的呈现。虽然管理实践是对管理研究的进一步发展、检验，但是管理研究的应用过程也会产生新的理论，有一定的创新性，实践的结果有超越理论的价值及其终极意义。

一、实践场域结构分析

（一）实践场域的内涵

Dimaggio 和 Powell （1983）[①] 首先提出了组织场域概念，其认为组织场域是由关键的供给者、资源和产品的消费者、规制性机构以及其他生产类似的产品或服务的组织共同构成的，不仅包括了相互竞争的企业，还包括了相互联系或结构对等的相关组织。借鉴组织场域的概念，本书对实践场域做以下界定：作为客观关系的网络，实践场域是以市场关系和组织关系为联结，由无数个与管理研究向实践的转化活动有直接或者间接关系的实践主体组成的客观关系网络。由于场域位置的模糊性和场域边界的经验性，实践场域与其他场域有交叉和重叠，所以无法对实践场域做出一个严格的界定。实践场域包括作为主体的实践主体、管理方法（技术）、制度规则以及贯穿于场域中的惯习。

---

① Dimaggio P., Powell W. The Iron Cage Revisited: Institutional Isomorphism and Collective Rationality in Organizational Fields [J]. American Sociological Review, 1983, 48 (2): 147-160.

广义的实践场域是由无数异质性的实践主体构成的，本书主要关注的是与管理研究实践转化有密切关系的企业实践场域。与管理研究场域不同，实践场域并不是一个浑然一体的整体，实践场域中每一个企业都是一个相对而言自主性较强的微观场域，这就决定了每个场域有自身的调控原则，微观场域不会被高度统一的实践场域逻辑控制。利用实践场域进行分析问题时，不仅在于对场域中单个主体的分析，更要对场域中所有主体之间的关联进行分析。另外，也要看到主体之间在文化认知层面的关系。

实践场域的形成发展由以下两个条件决定：一是实践个体之间的互动、实践组织之间的互动、实践主体中个体与组织的不断互动；二是在互动过程中，实践主体之间的竞争规则、惯例成规、价值观、文化认知等方面对于合法性的冲突与磨合。在实践场域中，实践主体通过协商、谈判、合作、竞争，制定场域的制度规则，规范场域中主体的行为，构建场域结构。

实践场域的规则又可以分为国家的法律法规、行业政策惯例、非正式的约定俗成的制度和规范认同，当正式的管制制度不完善时，惯例、规范、传统等完全可以取代管制制度规范实践主体的行为。然而，场域中存在着众多的不确定性，变通而不是遵守规则也是实践场域中重要的规则。这一点从非正式组织的存在可见一斑。

在企业实践组织中，除了正式组织外，还广泛存在着各种非正式组织，除了正式的制度规则外，还有很多不成文的惯例，所有这些对资源的分配、权力利益的调整形塑了场域中的市场关系与组织关系，相互之间不断发展、不断生成缠绕，加上实践主体的能动作用与下面的权力场域的支配性引导，场域结构得以生成。实践个体在组织中竞争合作，个体在竞争合作中呈现出相互支持、相互制约等作用关系，在相互作用下，实践组织将众多实践个体包含在其中，愈加成为一个整体。

（二）实践场域与权力场域的关系

相较于管理研究场域，实践场域与权力场域的关系更为复杂。与管理研究场域相同，作为实践场域的主体，企业与政府之间也有着千丝万缕的联系。首先，企业的成立需要按照政府的有关规定到有关部门登记备案，获得批准才可以开展日常的经济活动；其次，企业要在市场中生存与发展，必须要遵守政府制定的规章制度与法律法规，这是任何企业都不得触碰的"高压线"；最后，企业的发展方向要受到政府为了对市场进行宏观调控而制定的相关政策的影响，如税收政策、货币政策、信贷政策、财政补贴政策等。

在我国，权力场域对实践场域的影响更大。虽然经过改革开放，我国已由计划经济转为社会主义市场经济，权力场域的主体——政府等逐渐退出了大部分直接的经济活动，由微观控制转向宏观控制，但是我国的各种制度和机构——权力场域的一部分——仍然在实践场域中发挥着重要的支配作用，所以政府仍旧是与实践场域有关的权力场域的主要组成部分。在我国的特殊国情下，权力场域建构了实践场域的外部合法性，即外界对组织的认知和评价决定了组织特征和生产方式。因此，组织必须通过适应环境来使自身看起来"恰当"和"合乎期望"。完全屈从和反抗（如谷歌与中国政府的冲突）只是实践场域对权力场域反应的两个极端，大多数情况下，通过对话交流进行协商的温和手段被多数企业实践主体采纳，这也是实践主体最明智的选择。

二、实践场域的惯习

惯习是一种结构形塑机制，是对客观关系的判断、认知、行为的无意识的可以预见的、长期稳定存在的性情倾向系统，虽然不是行为的全部决定因素，但是却能完成复杂多样的任务。依上文所说，惯习具有历史性、开放性、能动性，在实践场域中尤为明显。在长期的职业生涯中，实践个体的惯习体现着个体社会化的生成，场域中的客观结构和职业经历不断内化到主体，其惯习也是实践场域客观历史的产物，即"外在性内部化"。惯习作为性情倾向系统，其开放性预示着惯习能够接纳实践经验，强化旧的惯习或者培植新的惯习，在这个过程中，外在性内化需要一定时间，所以可能存在一定的滞后性。

（一）管理实践主体的惯习

管理实践个体从一个企业到另一个企业，在实践中长期形成的惯习也随着个体转移到新的场域，但是具有稳定性的惯习具有滞后性，场域与惯习之间出现"不吻合"时，惯习冲突在所难免，对于管理实践个体来说，会导致难以适应新的场域甚至与新场域格格不入；对于管理实践组织来说，这种情况往往发生在企业的合作、联盟、知识转化等行为中，惯习冲突（如文化冲突）会导致上述行为的失调乃至失败，从而使企业实践组织蒙受损失。

实践组织的惯习在历史性上更多的是体现系统生成，企业组织中一代代的管理人员在长时间的经营管理中形成了本企业特有的企业文化、发展历史、规章制度等，这实际上形成了企业内在的微观场域，而每一个进入该场域的实践主体的惯习都不断被形塑。比如，在国有企业这一场域中，其中的官僚作风、裙带关系、烦琐的流程等导致场域的结构相当稳定，每一个进入该场域的主体都会慢慢地改变自身的惯习以适应该场域。然而，当企业深陷危机或者外部环境突变时，不论是外部力量催动的被动变革还是内部的主动变革，都会导致场域原有结构的打破与新的结构关系的建立、旧有惯习的瓦解与新惯习的生成。

（二）实践主体的行为惯习策略

实践主体表面的理性策略内含着深刻的决定机制，即主体的策略被长期浸淫在实践之中的惯习所指导，在行动未开始之前已经在无意识地指导主体的行为，这本质上是由场域的结构所决定的。我们可以通过企业组织的利润行为惯习和高管经理人对管理理念使用的功利行为惯习来理解管理实践主体的行为惯习策略。

几乎所有的企业都把追求利润最大化作为企业经营的目标，因而，企业开展各项活动时都会无意识地设问、分析、判断、决策某一工作、某一项目能否有效地为创造利润服务，或者直接创造利润，创造多大利润。这就是一种企业组织的利润行为惯习。当然，不同企业的利润惯习策略会因企业的发展历史、企业文化、组织结构、领导团队风格等形成差异化的利润惯习。比如，有的企业追求牺牲短期利益的长期战略利润惯习；有的企业形成了关注短期经济利益而忽略长期战略的利润惯习；有的企业形成了重视通过不断创新、不断发现新的价值区域来创造利润的行为惯习策略；有的企业形成了通过不断控制成本，扎实制度与组织管控来保持产品的竞争优势从而创造利润空间的利润行为惯习……

对于作为管理实践个体的职业经理人，特别是高管经理人而言，他们推动企业经营管理水平提高，特别是管理创新时，功利行为惯习往往是他们选择某种管理理念，使其转化为实践的一种主要的惯习策略。这主要源于这种理念的使用能否尽快地使企业发生其所期望的改变，并带来业绩的快速增长，而这与他们的薪酬绩效、公司地位、职业声望等有极为密切的关系。这种功利行为惯习可能使高管经理人不会站在企业组织的长远发展和整体角度考虑，而只是周密地计算个人的利益得失，引进某项管理理念或技术方法，虽然在短期内公司的财务报表可能比较好看，但为公司的长期健康发展埋下了管理的定时炸弹。

惯习在一定程度上是含混与模糊的同义词，也就是，主体要遭遇在变动的各种情境时，做出包含惯性但又超越自身惯性的实践反应，这种反应本身包含了模糊空间。企业实践主体的惯习由主体的历史进程、个体偏好、资源条件、目标定位、企业文化等综合决定，但是企业实践主体的惯习又不能也不应当受到这些因素的决定，而是超越这些因素，即超越自身而行动，从而适应外部环境的变化并追求或达到自身的目标。

三、实践场域中的资本分析

与管理研究场域相比，实践场域资本的内涵和表现形式都要丰富得多。在实践场域中，经济资本作为最主要的资本，起着决定性作用，经济资本来自于实践主体的资产与利润；具体来说，社会资本包括企业的社会声誉、关系网络、社会地位；文化资本包括人才资本、企业文化、品牌、资格认定（如高新技术企业认定、质量认证等）、行业影响力（行业地位、行业资历）等。

一直以来，经济资本在实践场域中具有不容置疑的最重要位置，但是知识经济以来，文化资本愈发重要，特别是其中的人才资本与企业文化已成为所有企业的核心竞争力之一，经济资本易于标准化为货币价值，因而其替代性强，而文化资本则难以标准化和模块化，因而具有不可替代性，对企业长远发展的影响更为深远；社会资本中的供应链网络、销售网络已成为资本竞争的重要武器，企业之间的合作、兼并收购、联盟等已成为最大化利用社会资源，迅速发展壮大的有效途径。就管理研究实践转化过程而言，经济资本是管理研究向实践转化的物质基础，文化资本（如研发技术人才、管理人才等）是这一转化的符合核心与核心要求。

就资本竞争而言，场域中实践个体（经理人员）的资本竞争较为单纯，提升自身的资本数量，提升自身在企业这一微观场域中的位置，并进一步获得社会资本（拓展社会网络等）和文化资本（培训机会等），当本企业场域无法提供更好的位置和更多的资本时，对于职业经理人来说，他们会选择跳槽，为自己谋一个更好的位置和一个获得更多资本的平台。实践个体的竞争对管理研究向实践的转化有正向的促进作用。具体来说，实践个体之间的竞争会促使个体更多地关注组织绩效的衡量，而实践个体在实践场域中的流动也会在更大范围内扩散管理理论或理念向实践的转化。

通过对实践场域中的资本竞争进行分析可知，在实践场域中的资本竞争与管理研究场域有所不同，经济资本决定了话语权的分配，经济资本统领着文化资本与社会资本。表面上看，实践主体的竞争策略复杂多变，没有规律可循，但是这些策略在时间上承前启后、关系上相互依赖、功能上相互连接，只有在布迪厄所说的"总体性社会事实"这一概念下才能得到解释，阐明竞争策略间的内在联结与外在关系，理解策略背后的社会因素。

第三节　场域惯习视角的管理研究向实践转化分析

一、管理研究场域与实践场域的关系链接：差异、互生与冲突

通过对管理研究场域与实践场域各自内在结构的分析，我们可以知道，这两个场域系统有着内在运作逻辑的相似点，比如两个场域的主体结构关系与变化都可以用场域理论的位置、资本、惯习、权力来进行解读，二者结构关系的状态都是历史性生成与建构的。

不过，通过对两个场域内在结构逻辑的解读，我们更发现了两个场域系统的性质、结构与演变关系的内在不同。从根本性质上而言，管理研究场域与管理实践场域是完全不同的，管理研究场域是基于知识真理性的追逐与竞争而型构的场域，而管理实践场域是基于经济效益性的追逐与竞争而型构的场域。换句话说，前者是以文化资本的投资、累积和溢出为考量的，后者是以经济资本的投资、累积与倍增为考量的。这种根本性质的差异决定了二者之间场域内在关系和变化有明显的区别。例如，就主体之间关系而言，管理

研究场域内部同行研究主体之间的关系主要体现为合作、认同。即某一研究主体通过对另一研究主体的管理研究成果的学习、引用乃至合作推动管理知识的创新发展。而管理实践场域同行主体之间的关系主要体现为竞争关系。即同行业不同企业对共同市场、客户、资本、商誉、核心技术、标准的竞争或争夺。又如，两个场域的主体惯习也有着显著的不同，管理研究场域的主体思维方式更多的是一种"内卷"自我探索性的思维惯习，在行为准则方面讲究分享、传播、合作的行为准则惯习，它既可以是个体独立性知识价值创造的场域运作，也可以通过团队合作进行知识价值创造。而对于管理实践场域的主体来说，他们的思维方式更多的是一种"外摄"利益争夺性的思维惯习，在行为准则方面讲究自利、争夺的准则惯习。在前现代社会管理实践场域的利益价值获取主要以个体单干为主，而在现代社会主要通过组织和现代企业制度来运作与争夺。两个场域惯习结构之间的差异如表4-1所示。

表4-1　管理研究场域与管理实践场域结构特征比较

	管理研究场域	管理实践场域
主体特征	知识体、知识贡献	资源体、市场贡献
主体间的关系	共享、目的性合作、争论	竞争、手段性合作、保密
主体惯习特征	质疑、方法、严谨、规范、静态、创新	冒险、模式、可见性、非常规、动态、创造
场域权力特征	符号（话语）权力为主、声望权威、专业权力（权威）	经济权力为主、组织权力、魅力权威
场域资本	主要体现为文化资本，以此获得经济资本，建构或拓展社会资本	主要体现为经济资本，以此复合文化资本和社会资本
场域结构稳定性	知识话语体系较稳定，研究主体文化资本提升慢，符号权力渐变性强，主体惯习稳定性强，三种资本可转换性时常稳变	资源与利益可变性快，经济资本变化快，实践主体惯习可塑性强，三种资本可转换性时短异变
两个场域对接触点	科学逻辑的理性知识	实践逻辑的经验知识

　　虽然两个场域有着明显的不同，但是它们又共同属于一个更大和更广泛的场域系统——人类社会的管理活动场域系统。这个系统按照活动的性质、对象、目标、联系等维度又可以分为多种不同的场域系统，如此处所提到的

管理研究场域和管理实践场域。这两个场域的共同体属性，决定了它们之间必定存在内在的联系与链接，而这正是管理学科所探索的理论与实践的相互关系，和企业家或经理人所谈论的"用什么理念来指导企业经营与发展"。

从共同体的属性来说，既然二者同属于人类的管理活动场域系统，在理论上它们应当具有协同、互生、共进的性质。这就是我们在文献综述时，或探讨管理学科性质所说的，管理的科学性与实践性具有内在统一的性质，它们是双向互动的：研究场域的管理知识生产应来源于和服务于实践需求，符合企业实际运作规律，提高企业的效益；实践场域的企业经营管理运作应该遵循研究场域具有共意认同的理论化知识，将其转化为管理实践活动，通过更加科学的管理规则实践，促进经济和社会效益的和谐发展。这就是我们后面要着重探讨的管理研究的实践转化问题。

虽然从理论上说，管理研究场域与管理实践场域应具有协同、互生和共进的性质，但二者实际的关系远比这复杂。正如张玉利（2008）所指出的，研究场域的知识或理论与实践场域的实践活动，一方面表现为先进理论与落后时间的脱节，另一方面表现为理论知识生产落后于先进的管理实践。而事实上两种管理活动场域根本性质的差异、各自场域自主性逻辑的不同和场域主体惯习的巨大差异，必然导致二者在相互对接，特别是需求互动时会产生明显的场域结构与主体关系的难以"通约性"，甚至价值观的分歧或对立性，例如，管理研究场域的知识真理性与知识无价性价值观，与管理实践场域知识结果性与利益至上性价值观。这种价值观的巨大分歧乃至对立，使两个场域主体在互动时容易产生冲突，必然影响管理研究与管理实践的互动效果。

两个场域之间的差异、分歧乃至冲突将左右管理研究成果向实践转化的可能性、效率和效果，并由此产生转化的障碍，在后续章节中将做专门的分析和探索。

二、场域惯习视角下管理研究向实践场域转化的模式分析

从布迪厄的场域资本理论视角出发，可以将管理研究成果看作是一种文化资本，表现为显性知识与隐性知识。管理研究向实践的转化是管理研究主体与实践主体之间连续的资本转移过程。总体上说，这一过程可以分为管理

研究的知识生产、传递、整合以及逆向的反馈。在此基础上，本书构建了场域惯习视角下管理研究向实践转化的模式，如图 4-1 所示。作为一般的过程描述，本书没有对位于场域中的主体、惯习、资本等之间的相互作用做细致说明，也没有对其如何影响转化做严格的规定，这与布迪厄主张的场域边界（文中场域用虚线框表示场域边界的这一特性，下同）、惯习等的"模糊"观点一脉相承。

管理研究向实践转化的动力源泉是管理研究场域与管理实践场域之间的资本结构与数量差异，而这是管理研究场域与管理实践场域各自长期积累的结果。管理研究主体与管理实践主体既是管理研究的发送方也是管理研究的接收方，如图 4-1 所示，总体来说，转化过程是以文化资本高的管理研究主体向管理实践主体进行转移为主。管理研究成果向实践的转化过程是从文化资本开始的，最终表现为文化资本、经济资本、社会资本的相互转换与增值。在资本数量、结构、分布改变的过程中，场域的位置与结构也在不断变化。惯习作为场域与资本之间的机制，也随之变化，但如上文所述，惯习存在一定的滞后性。

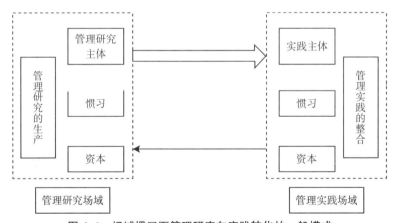

图 4-1　场域惯习下管理研究向实践转化的一般模式

当管理研究场域中旧有的理论研究或者新近产生的管理研究与实践中的需求相契合时，管理研究主体与管理实践主体就会被各种外在（如外在竞争压力）或者内在力量（如内部发展需要）推动进行连接。在管理研究场域中，管理研究主体凭借丰厚的文化资本进行管理知识的生产，以期增进管理规律性认识和提高实践主体的运作效率与效益。与此同时，实践主体需将组织实践中产生的显性知识与隐性知识等文化资本传递到管理研究主体。吸收实践主体的文化资本后进行整合分析，并调动知识库，形成解决方案。最后，经过反馈而生产的知识返回到实践主体，并整合最终内化为自身的资本。惯习在整个过程中潜移默化地通过主体之间的互动进行相互作用，并影响转化。

理想状态下的转化并不是一个"单向度"的过程，而是实现双赢的良性过程。一方面，管理研究主体将自身的文化资本转化到管理实践主体并不会减少自身的资本总量，反而会因为与管理实践主体的合作而增加文化资本，如改进、创新管理研究，也会因为成功的转化而增加社会资本与经济资本；另一方面，实践主体整合吸收后，首先表现为文化资本的增加，文化资本又会进而转化为经济资本与社会资本，而且文化资本会在较长的时间内不断累积。资本结构与数量的变化也会带来场域结构与惯习的积极变化，转化的改善是一个不断累积的过程。

在管理研究成果向管理实践转化的具体过程中，应当重视研究主体与管理实践主体的关系与知识的匹配性。我们可以分成五个阶段来分析这种匹配与整合（见图4-2）。在互相认知阶段，两个场域的主体彼此相互接触、了解乃至理解对方的基本状况、主体结构、运行方式，并寻找管理研究与实践互动的切入点。作为研究主体而言，应对管理实践场域其场域的基本运行的模式、场域内存在的复杂竞争关系、实践场域机会与时间的约束条件、实践主体的资源约束性、实践主体的动机与行为、实践主体的行事惯性等有较为详尽的认知、刻画。对实践场域结构与惯习认知越深刻，管理研究及其成果的实践感就会越强，研究成果与管理实践的匹配性会更高。对实践主体而言，同样存在对管理研究场域的结构与惯习的认知问题，如管理研究过程讲究从具体管理问题与现象归纳和提炼为抽象概念或科学命题，这是管理研究场域基本的研究惯习。这种归纳和提炼，将会剔除具体管理问题的特征或越制条件。那么，管理实践主体接触到某种管理理念和知识时，则需要结合实际情况，将管理知识的概念与命题转化为实际可用的操作性知识。因此，两个场域的主体互相认知、了解对方的结构与惯习是非常必要和重要的。

在匹配阶段，管理研究主体应重视对实践主体的理解，对其现状、历史、组织关系以及行业特征等实践主体所属的场域结构、惯习、资本数量与资本结构形成系统的理解，而不应该盲目推销自身的研究，这也是管理研究主体激活、筛选自身资本的过程，这源于场域结构的差异；管理研究主体在此阶段会出现凭借自身文化资本积累的应用而轻视实践，认为实践场域中的各种显性知识与隐性知识"不值一提"，实践主体又缺乏相应的文化资本与之"抗衡"，所以资本结构域与数量的鸿沟在这一阶段开始凸显并贯穿于转化的始终。

在再造阶段，管理研究主体根据所掌握实践主体的惯习和资本情况，对自身掌握的管理学科的专业性文化资本进行知识再造，同时，管理实践主体要改变或提高组织的生存与发展现状，接纳新的管理理念与方法，更需要进行结构与惯习的再造。然而，这个再造的过程不会一帆风顺——任何改革一开始就存在失败的危机。管理研究主体在面对实践场域复杂的管理现象、管理关系和陌生的业务技术时，其对自身专业性文化资本的实践有用性的信心会出现明显的下降，如果不能够对自身的专业文化资本进行再造，新的管理理念与方法则无法切换进入"实践频道"。另外，实践场域在引入新的管理理念与方法进行组织再造时，不仅存在主体的文化资本冲突，更存在权力、关系、资源、利益方面的社会资本与经济资本的冲突，这些冲突将左右着管理研究与实践两个场域之间对接的前景与效果。

在实施阶段，实践主体根据实际中管理研究的实施状况提出调整与反馈，反馈到发动、匹配或改造阶段。这里的调整是在管理知识研究原有框架上的微调，主要在于实践主体所在组织结构、流程、制度上的调整，如果实践场域所做的结构变化和内含于管理研究之中的惯习与资本契合，则转化效果较好，否则，资本冲突与惯习冲突的结果就会集中出现。这既与管理研究生产、场域之间转化等之前环节的冲突潜伏或累积有关，也是实践主体在这两个环节惯习冲突、资本冲突叠加的结果。

在整合阶段，实践主体如果对转化效果满意，就会把管理研究向实践转化过程中调整的流程制度、组织架构正式化，将管理研究纳入企业文化、员工培训等组织常规化的实践活动中。这样一来，实践场域结构因此变化，而实践主体的惯习具有滞后性，惯习与场域会出现"不吻合"，若滞后时间过长，不仅会造成脱节，而且会影响企业运营，降低组织绩效。整合看似已到转化的最后阶段，实际上却最为关键。

从运用场域惯习理论进行五个阶段的分析看，研究成果在实践场域内部转化中的匹配、再造两个环节已经出现场域之间场域结构的匹配、惯习冲突、资本冲突，所以属于两个场域之间的转化，而不应完全划归实践场域内部的整体模型。实践场域内部的转化包括实践场域转化模型中的实施、整合环节，实施、整合内化阶段是场域结构冲突、惯习冲突、资本冲突的结果集中涌现的时期。

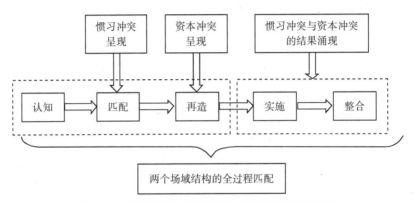

图 4-2 管理研究在实践场域转化的匹配过程模型

第五章 管理研究成果向实践场域转化的效能关系探索

管理研究场域与管理实践场域相互独立但又相互影响。虽然它们具有不同的资本和惯习，但是两场域之间都因之共同关注"管理"这一人类最广泛存在的活动与现象而联系在一起，并且管理的研究与实践尽管场域结构差异大，但又存在通过相互吸纳而实现发展进步的互动关系。从知识转化角度来看，管理研究场域的知识是否有价值、其价值能否转化为实践的价值、产生实践的效果，涉及我们对其效率或效果的认识与评价。由此我们引入转化效能及其评价的理念，探索两个场域中知识与实践的关系。

第一节 管理研究成果向实践场域转化效能评价的理论分析

一、管理研究成果实践场域转化效能的内涵

在管理场域情境中，管理理论向管理实践的转化，是指管理研究学者、专家为了解决某一实际问题或者为了学科的发展要求，将研究产生的成果（管理理论）通过一定的途径或方式传递到管理实践场域中，并且通过管理实践活动，内化为企业的管理准则或方法，帮助管理实践者解决实际问题或者提升管理效率或效果。

从当前的研究来看，管理研究场域情境中的成果——此处也称为管理理论，在向管理实践场域转移的过程中，由于各种原因并没有实现良好的互动

和衔接，这大大削弱了管理研究场域成果的价值。尽管许多专家乃至实践人士都认同管理理论成果存在实践转化效益效果问题，但是到底怎么来评价理论或成果的价值、衡量其效益或效果，当前这方面的研究比较欠缺。基于此，本书把"效能"一词应用于管理场域成果与实践场域的对接中，通过对转化效能的研究以及提出的效能指标来衡量管理理论与管理实践之间的转化能力和程度以及引用管理理论后对企业组织带来的一系列变化和结果，这对解决管理研究成果向实践场域转化的问题具有一定的指导作用。

从已有的研究中可以看出，效能及效能的评价对评价知识转移和科技成果转化效果等具有重要的意义。管理理论成果向实践场域的转化同样是一种知识转移，不过，从效能评价角度而言，我们认为，管理研究成果的实践效能，不能仅从作为结果的成果来考虑——这是大多数知识转移理论的起点，而应该深入知识生产的过程甚至知识生产者的主体特征。只有理解了管理研究的场域主体及其生产过程，才能更客观、准确地分析管理理论或成果的效能。

基于此，我们提出管理研究成果向实践场域转化效能就是在管理知识（理论、理念、方法）生产、传播、转化和应用的各部分中都具有良好的转化能力和效果。在衡量管理理论从研究场域向实践场域的转化效能时，可以根据转化的过程将转化效能分为研究生产具有的预期效能、研究传播和转化时具有的效能以及应用之后具有的效能。

因此，管理研究成果向实践场域转化效能，意指管理研究成果具有的向实践场域传递和应用的能力、管理实践场域中的主体具备的吸收和利用的能力以及研究成果转化后对实践场域中的企业产生良好结果的程度的综合体现。

其中，管理研究成果具有的向实践场域传递和应用的能力包括理论研究时理论本身具有的转化效能、研究过程中具有的实践导向效果以及研究人员等以实践为导向进行研究，因此可以将其归结为管理研究实践预期效能。管理实践场域中的主体具备的吸收和利用的能力主要指的是在管理实践场域中，应用主体具备吸收和应用从管理研究场域中传递的理论成果的能力以及管理实践场域中存在的接受理论成果转移的物质条件等。因此，在本研究中可以将其归结为管理理论向实践转化的转化过程效能。研究成果转化后对实践场域中的企业产生良好结果主要是指理论成果应用之后对实践场域带来的有利作用和效果。在这里可以归结为实际应用的结果效能。这也是管理理论向实践场域转化效能分析的分类和基础研究，能够为理论分析提供思路。

二、管理研究成果向实践场域转化阶段的理论分析

通过以上分析可以看出，管理研究成果向实践场域转化的效能可以分为三个部分：一是管理研究成果实践预期效能；二是管理理论实践转化过程效能；三是管理理论实际应用的结果效能。本书通过对这三个效能的界定来研究管理理论成果向实践场域转化的效能好坏。

（一）管理理论实践预期效能

管理理论向实践转化的预期效能主要体现为管理研究场域中管理理论向实践转化过程具有的能力。这是分析管理理论向实践场域转化效能的基础，只有管理理论的研究具有实践导向性，才能保证理论成果的实践导向性，从而为转化提供良好的基础。

1. 管理理论实践预期效能的定义

"效能"指事物具有的实现目标的能力和程度，这在前文中已经分析过了。"预期"即对未来情况发展的一种估计，最早是由马歇尔的"等待"一词演化而来的。因此，预期效能就是对效能可能达到的目标和程度的一种估计。

在管理理论向实践转化中，管理理论实践预期效能指的是对研究出的理论能够解决实践中出现问题的能力的一种有效估计。在管理研究成果产生的过程中，不论是理论的形成、研究者的表现还是研究过程，都是以产生实际导向的理论为主。具有良好的实践预期效能的理论才会以解决实际问题为出发点，才具有实践的生命力。因此，为了实现管理理论向实践有效转化，在产生管理理论时必须对管理理论的实践预期效能进行界定，并以此为基础，对管理研究的内容进行深入研究。

2. 管理理论实践预期效能的要素分析

（1）管理理论实践预期效能的目标。管理理论的最大特征是产生于实

践、服务于实践。① 在管理理论向实践转化的过程中，管理理论实践预期效能目标主要是产生具有实践效用的管理理论，指导管理实践的发展。在此基础上，进一步拓展理论研究的深度和广度。

因此，在进行管理研究活动中，首先要根据科学性和可行性的原则确定管理研究预期目标，使理论具有实践效能。其次要体现管理研究来源的科学、准确，研究动机的正确以及理论成果表现形式的合理。② 只有把握了该目标，一切从实际出发，才能生产出具有实践转化能力的理论，为管理理论实现有效转化提供基础。

（2）实现管理理论预期目标的效率。在管理研究情境中，管理理论产生的效率即管理研究者从发现问题到找到研究思路再到产生管理研究成果的整个过程所需要的时间、设备场所、资源等的多少和快慢程度等。它主要包括理论研发周期③、理论产生需要的资源多少等④。

在管理理论生产的过程中，研究主体、研究成果的表现等都会影响管理研究实践预期效能目标实现的效率。要提高管理理论实践预期效能目标实现的效率，首先要使管理研究各阶层具有相同的效能目标；其次是管理研究方法、研究主体和研究资源充足、有效；最后是有合适的渠道进行传播，使理论及时得到实践者的应用，缩短实践应用的时间和距离。

（3）管理理论达成预期实践效果的可能性。理论研究的贡献除了推动理论发展之外，还能够推动管理实践的改进与提高。⑤ 在管理理论研究预期效能中，研究者应对理论想要达到的实践目标有明确的认识，在研究时一直以该目标为导向。因此，对管理研究成果效能的评价，应当包含其达成预期实践效果的可能性，分析管理理论研究在目标达成方面是否具有有效传递到管理实践层，对实践进行真正的指导，解决实际问题，改变企业经营现状的能力和可能性。

---

① 成刚. 管理理论与实践的聚焦 [J]. 华东经济管理，2003（4）：85-67.

② 孙继伟. 论实践派管理理论的评价 [J]. 管理学报，2011，8（6）：805-810.

③ 李浩. 企业战略人力资源管理效能评价指标体系的构建 [J]. 商业经济评论，2011（10）：69-70.

④ 贺德方. 科技成果及科技成果转化若干基本概念的辨析与思考 [J]. 中国软科学，2011（11）：1-7.

⑤ 陈春花，刘祯. 中国管理实践研究评价的维度——实践导向与创新导向 [J]. 管理学报，2011，8（5）：636-639.

（二）管理理论实践转化过程效能

管理理论实践转化过程效能也是管理理论实践转化效能的重要组成部分。转化的过程是连接理论生成和理论应用的重要纽带，只有转化过程进行顺利，才能保证好的理论成果有效地传递到实践中去；如果在转化过程中出现问题，那么即使是优秀的理论成果也很难起到指导实践的作用。因此，在对转化效能进行评价的过程中，转化过程效能具有承上启下的重要连接作用。

1. 转化过程效能的定义

在管理理论实践转化活动中，转化过程是必不可少的一部分。因此，转化过程效能实现程度对整体转化效能的实现具有十分重要的作用。

"过程"即事物发展经过的程序或者阶段，本书中主要是指管理理论研究成果向实践传播的阶段。转化过程效能即在事物发生转化的过程中体现出来的能力和效果。在这一阶段，管理理论实践转化过程效能是指能够使管理研究主体产生的管理理论通过合适的渠道、形式，以合理的方式传播到管理实践情境中的能力，即理论传播的效能。它既包括转化过程的顺畅性，也包括转化的效率等。

在理论向实践转化的过程中，只有具备了良好的转化过程效能，才能将研究所产生的具有实践效能的理论有效地传递到实践层面，保证管理理论实践转化效能的实现。

2. 管理理论实践转化过程效能的要素分析

在转化的过程中，转化过程效能要素分析包括对转化过程效能的目标分析、效率分析以及效果分析。本书通过对这三个要素的分析来研究管理理论转化过程的效能。

（1）过程效能的目标。由于转化过程在转化中起到的承上启下的中介作用①，转化过程中的高效能对理论转化十分重要。在理论成果转化过程这一部分，过程效能目标依旧是为整体的转化效能目标服务。

在管理理论实践转化过程效能中，首先需要一个保证过程顺畅性和有效性的能力和目标。在这里，效能目标是把研究情境中研究出来的管理研究成

---

① 华冬萍. 论管理理论应用中介 [J]. 经济与管理，2003（12）：44–45.

果快速、高效、完整地传递到实践场所，以指导实践中出现的问题。

转化过程效能目标的实现需要在转化过程中由专门的人员或组织进行转化过程的引导和维护，构建良好的传播和转化渠道，注重与理论和实践两个情境的联系等。

（2）转化过程的效率。在管理理论向实践场域转化的过程中，转化过程的效率主要是指理论被传递、吸收和利用的速度与质量。知识传播速度的快慢、所用时间的长短对知识转化渠道、转化形式以及转化机制具有一定的要求。① 只有具备了良好的转化渠道和平台，才能高效快速地传播理论②，同样只有工作者不偏不倚，才能把理论完整地传播出去。

因此，要提高转化过程的效率，需要对转化的主体参与者、转化的渠道和转化的形式进行进一步的完善，提供良好的转化平台，构建良好的转化渠道，缩短理论与实践的距离。

（3）转化过程的结果。转化过程的结果是转化过程效能实现的最终表现，它受到转化目标、转化效率的共同影响。在转化过程效能中，转化效果主要是指通过转化这一过程使管理研究成果实现了从研究层向实践层的传递，而且在传播的过程中理论并没有缺失，而是高效、完整地转移到了应用层。③

因此，在转化过程中具有效果主要是指理论知识有效地传递到了实践需要层面。这对管理理论的实际应用起到了良好的中介作用。

（三）管理理论实际应用的结果效能

企业的实践应用结果效能是管理理论向实践转化效能的直接体现，也是检验管理理论实践转化效能高低最重要的一部分。应用得当能够增强企业的竞争力，提高企业的盈利能力。因此，管理理论应用的结果效能是转化效能评价中最重要的一部分。本书通过对理论的实践运用效能进行分析，研究实践运用的结果效能的内涵、要素以及相关影响因素。

1. 实践应用结果效能的定义

通过对管理理论预期实践效能、转化过程效能的分析，我们可以看出效

---

① 彭贺. 管理研究与实践脱节的原因以及应对策略 [J]. 管理评论，2011，23（2）：122-128.

② 闵祥晓. 管理理论的丛林现象解析及其体系重构 [J]. 电子科技大学学报，2014，16（4）：53-56.

③ 王娟. 组织内部知识共享过程中的影响因素分析 [J]. 情报科学，2012（7）：993-998.

能主要是由不同阶段的目标和要素组成，然后共同影响管理理论实践转化效能目标的实现。通过查阅词典可知，"结果"本意是指达到最后的状态。因此，在管理实践层面，理论实践应用的结果效能是指引进管理理论后对企业存在的相应问题予以解决，企业的经营绩效、社会效益等得到有效改善和提升的能力以及对其改善和提高程度的有效衡量。

企业的实践应用结果效能是管理理论向实践转化效能的最后阶段，它的好坏直接关系到理论实践转化效能目标的实现程度。因此，在实践应用时一定要注重理论应用效能程度的衡量和发挥，保证理论向实践的有效转化。

2. 实践应用结果效能的要素分析

在实践方面，对企业实际应用结果的效能分析也从三个方面入手，分别是应用效能目标、应用效率以及应用效果。这是衡量应用结果效能不可或缺的要素，合理的目标、高效的应用以及良好的应用效果是理论实践应用效能高的体现。

（1）实际应用的效能目标。虽然理论研究和转化过程效能目标都是以实践为导向，但仅仅评价其转化过程的效率与效果，只有理论真正应用于实践产生的结果才能检验其效能的水平。因此，在管理实践层面，企业应用理论后产生的良好效果与转化效能目标最为接近。

众所周知，企业一般都是以营利为目的的组织，企业引进和应用先进的理论也是为了提高企业经济效益和获得竞争优势。[①] 在企业等实践机构，理论的实践应用目标就是通过理论的指导[②]，实现企业效益的增长。例如，通过管理理论的引进解决现存的管理问题，改进现有的管理方式，从而提高运营效率、提高员工满意度、提高市场占有率、提高组织的知名度等。

因此，要根据企业经营目标选择合适的理论，注重理论引进后与企业的实际相结合，提高目标的实现能力和实现程度。

（2）企业应用和吸收理论的效率。企业吸收和应用理论的效率即企业引进、应用、吸收为自身管理文化以及为企业带来实在改变和利润提升的过程

---

① 胡悦，常玥，蒲晓宁. 我国企业人力资源管理效能衡量模式研究评述 [J]. 商业研究，2007（3）：62-65.

② 吕力. 后实证主义视角下的管理理论、实践与观念 [J]. 管理学报，2015，12（4）：469，476.

与速度。在企业实践层面，应用的效率主要体现在理论具有实践操作性，与实践的匹配程度高，企业实践出现的问题可以通过理论引进来解决；企业接受理论、应用理论的时间短；理论指导实践后产生收益的时间快以及理论指导实践的时空范围广等。

只有理论与实践之间具有良好的对接，企业接受理论、吸收理论、应用理论以及使用理论带来经济效益的时间才会缩短、效率才能提高。

（3）企业应用的效果。企业应用理论产生的效果是衡量应用效能的最终要素。在这里，效果和目标应该保持一致。主要是指企业应用后真正带来了实效，如与研究成果相关的问题得到解决，提高了人员满意度（工作环境、福利待遇、员工关系、晋升等）、经济效益（生产率、市场占有率、竞争力）、社会效益（企业声誉、地位、影响力）、环境效益（环保等）。①② 这都是体现企业应用效果的要素。

只有把理论吸收和应用，使产生的理论真正成为能够为实现目标而服务的经营文化理念，才能改善企业经营现状，产生良好的实际效果，对企业的未来发展产生指导作用。

三、转化效能评价框架的提出

基于文献研究法和对管理理论向实践转化效能的理论分析，以及对管理成果从管理场域向实践场域转化与效能的研究，为了全面、系统地衡量管理理论的实践价值，在借鉴知识转化过程模型的基础上，本研究把管理理论从管理场域向实践场域转化的效能分为三个阶段，在此基础上提出了衡量管理理论向实践场域转化效能的评价框架。

（一）管理研究成果向实践场域转化效能的评价框架

在已有的理论分析基础上，本研究构建了管理理论向实践场域转化效能的评价层次结构图，如图5-1所示。将管理研究成果向实践场域转化效能分为三个部分，即实践预期效能、转化过程效能、应用结果效能。这些效能在

① 董力通，黄平，武敏霞，李鹏.电网企业科技成果转化后评价模型研究 [J].电力经济研究，2014（5）：122-126.

② 马妍，刘金荣，于灏.基于因子分析的科技成果转化效益评价——以山东省为例 [J].企业经济，2014（8）：153-157.

两个场域之间主体、资本和惯习的互动中均有体现。

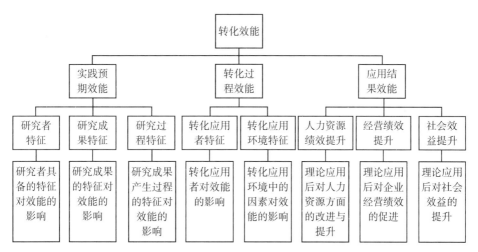

图 5-1 管理理论向实践转化效能的指标层次模型

(二) 管理研究成果向实践场域转化效能的评价框架的解释

在管理研究成果向实践场域转化的效能中，管理研究场域中的管理研究实践预期效能主要包括三个部分：一是研究者的特征因素；二是研究成果的特征因素；三是研究成果产生过程的特征因素。在转化过程效能中，通过专家咨询、文献研究等，将转化过程效能分为转化应用者特征因素、转化应用环境因素两个部分。在对管理研究成果在实践场域中实际应用结果的效能分类中，主要是将应用结果效能分为人力资源绩效提升、经营绩效提升以及社会效益提升三个部分。

1. 管理研究成果实践预期效能指标

在管理理论研究成果实践预期效能指标的选择方面，主要从研究者特征、研究成果特征、研究过程特征来构建。其中，研究者特征效能指的是研究场域中研究主体对理论成果产生预期效能的影响和促进。它主要包括研究者专业知识经验的丰富程度、管理研究场域情境中资本的多少、研究主体研究的实践导向性动机的强烈程度以及研究主体与实践场域之间关系的密切程度。

研究成果特征效能主要是指在研究场域中，研究者研究出来的成果本身具有的对实践导向性的作用。主要包括研究成果自身是否具有科学性、时效性，管理研究成果在管理研究场域中的原理是否与实践操作的逻辑贴近，以及管理研究成果的应用条件与实践场域情境中的资本和惯习等是否接近等。

研究过程有效能主要是指在管理研究场域中，研究主体利用该场域的资本等将理论知识产出的过程具备高效性。这一部分主要包括研究的问题或者主题与企业实践问题的联系程度、研究者是否能够充分地收集与研究主题相关的理论和实践资料、研究者采用的研究方法是否注重理论与实践的结合以及理论成果研究过程中是否遵循实践检验的原则等。

通过这三个方面的不同指标，从不同的角度和方向对管理研究场域中管理理论预期效能目标的实现给出了细致的分析，只有各方面都实现了良好的互动和配合，才能体现出理论的实践预期的高效能。

2. 管理理论转化过程效能指标

理论转化过程即管理理论向管理实践转化的过程，这是连接管理研究场域与管理实践场域的关键一环，只有传播得好，才能保证研究场域中的优秀理论成果能够转移到实践场域中，这也是实践场域应用的基础。转化过程效能主要是指通过传播主体、传播渠道等将理论有效地转移到管理实践中的能力和效果。因此，转化过程效能主要是由转化应用者（此处指"转化主体"）和转化应用环境两部分效能决定。

其中，转化应用者包含了实践场域的应用主体以及传播过程中的知识承载者。这两部分主体能够将知识/理论有效地传递到实践场域。因此，转化应用者有效能主要是指转化应用者具备良好的吸收理论的知识基础，具备主动探索、吸收理念的积极意愿，具备良好的沟通协调能力，具备足够的企业实践管理经验，以及具备一定的组织情境支持和与研究场域的合作互动机制等。

转化应用环境效能主要体现在研究场域中研究成果的应用与实践场域中企业目标的实现相吻合，管理实践场域中具备良好的资本条件支持组织吸收新的理念来解决问题，而且在实践场域情境中，存在变革、创新的文化并具备灵活的组织结构。这样才能保证管理实践场域的灵活性，提高理论传播的效率和效果。

本书通过对这几个指标要素的深入分析，研究在管理理论传播过程中对转化过程效能实现有关的因素和指标，以提升各指标的有效性，保证管理理论实践转化过程效能目标的实现。

3. 实际应用结果效能指标

企业实际应用结果有效能主要是指管理研究成果传播到实践层后，与企业的实践目标相一致，对管理实践起到了很好的作用，为企业的发展带来了好的效果。这主要是在实践场域中体现的。

在实践场域中，人力资源绩效的提升主要指应用管理研究场域成果之后对实践场域各组织中成员的影响。对人员满意度提升的指标主要是指员工对组织的满意程度得到了提升，这是理论应用之后结果效能的一个体现。这一指标主要体现为工作环境和福利待遇变化、个人专长充分发挥、员工关系和谐、晋升机会增多、员工自我实现的愿望得到体现、对组织的认同感增强。

在组织效益提升方面主要是指企业的运营效率得到提高，如企业中存在的相应管理问题得到有效解决、组织的管理效率提高、利润率和市场份额都有提升。在社会效益指标上，主要是指企业的社会影响和社会地位，指标主要包括组织提供的产品和服务质量上升、工作机会增加、组织参加的社会公益增多、组织的知名度提升等。

通过对组织人员满意度、组织效益以及社会效益的分析，可以清楚地看出，为了实现企业实践应用的效能目标，必须对这几个因素进行控制和提高，提升企业应用理论的效率和效果。

第二节　转化效能评价指标的调查与计量确定

在对已有文献进行研究与梳理的基础上，本书得到了管理理论向实践场域转化效能的相关评价指标和要素，并提出了转化效能的理论框架。但是对于转化效能指标的要素是否能够正确衡量转化效能以及衡量转化效能的框架是否全面尚不清楚，并不能保证其具有科学性和合理性。因此，需要通过一定的方法来确定指标。

一、设计与思路

通过对管理理论与实践的关系以及课题内容的理解，我们可以看出，在管理理论向实践场域转化的过程中，存在很多影响转化目标和效果实现的因素。这些因素不仅体现在研究场域情境和管理实践场域情境中，更体现在两场域之间的对接上。

基于以上问题，本书对转化效能进行研究时，对转化效能评价指标的选取就需要考虑到指标的科学性、有效性，同样也需要一种方法对指标进行分层、界定，避免出现交叉的情况。因此，仅仅通过定性分析或者定量分析都不能解决这个问题，这就需要一个定性与定量相结合的分析方法来解决这些关键问题，并进行决策分析。

德尔菲法是一种特殊的专家咨询法，它能够收集到不同领域中对管理理论与实践关系问题较为熟悉的专家的意见和建议，这对指标的确定具有重要的作用。既能够保证指标的正确性，又能够保证指标的合理性和可操作性。因此，通过德尔菲专家咨询法确定衡量管理研究成果实践转化效能的指标具有科学性和适用性。

层次分析法是通过构造层次结构模型对指标进行分层，然后进行排序，使复杂的问题更加条理化、层次化的一种方法。在构建管理理论实践转化效能指标体系时，对指标进行权重确定和排序需要采用层次分析法这种定性与定量相结合的方法。而且在层次分析法基础上实行的模糊综合评价法，通过构建隶属度矩阵等将管理研究成果转化效能指标中难以进行量化的指标进行定性向定量的转化衡量，从而能够计算出各指标相对于整体的重要性数值，最终得到管理理论实践转化效能指标体系的分值。这对衡量转化效能指标体系的有效性具有重要的意义。

本研究结合管理理论向实践转化的特点，采用德尔菲法和层次分析法来构建管理理论向实践转化效能的评价指标体系，然后通过模糊综合评价法对构建的指标体系进行评价，从而确定指标的科学性与实用性，使评价标准更加科学、评价结果更加可信。因此，在本研究中，运用德尔菲法、层次分析法和模糊综合评价法具有合理性与可行性。

二、评价指标的确定与结果

本研究通过德尔菲专家咨询法对文献研究、团队成员讨论得到的指标进行确定，具体的步骤如下。

（一）组成专家小组

在管理理论实践转化效能的研究中，根据专家的工作单位性质、工作年限以及对管理理论与管理实践关系这一主题的熟悉程度等选取了咨询专家14人，其中包括管理研究专家5人、管理咨询机构人员4人以及企业管理者5人（主要包括非咨询类企业管理者3人、自主创业者或合伙人2人）。如表5-1所示。

表5-1 咨询专家的来源、入选条件、人数

来源	入选条件	入选人数
管理研究者	1. 从事相关理论研究10年以上 2. 对管理理论与管理实践关系熟悉	5
管理咨询者	1. 从事企业管理的咨询工作 2. 从事相关工作5年以上 3. 对管理理论与管理实践关系熟悉	4
管理实践者	1. 管理者属于高层管理者（经理以上） 2. 工作年限10年以上 3. 对管理理论与管理实践关系熟悉	5

表5-1界定了不同领域专家的人数和要求，从而帮助我们挑选合适的专家，保证最终确定指标的合理性和可行性。

（二）编制德尔菲专家咨询表

1. 德尔菲咨询表的编制依据

本书管理理论实践转化效能指标确定的依据主要是知识转化理论以及上文得到的衡量转化效能的初步指标。其中，管理研究成果实践预期效能14个指标、转化过程效能12个指标、企业实际应用结果效能18个指标。

2. 德尔菲咨询表的内容

在确定管理理论实践转化效能指标的德尔菲专家咨询法的问卷上主要包括三部分：第一部分是需要专家对衡量转化效能指标的重要程度进行打分，

并提出相关建议；第二部分是专家对管理理论与管理实践关系问题的判断依据和影响程度；第三部分是专家的基本情况，包括专家的工作单位性质（研究机构、咨询类企业、非咨询类企业、自主创业者或合伙人）、工作年限以及对管理理论与管理实践关系问题的熟悉程度。

（三）实施德尔菲咨询法

本研究在问卷第一页表明了本次研究的目的——得到衡量管理理论实践转化效能的指标，然后根据指标对目标的重要程度依重要、较重要、一般重要、较不重要以及不重要进行打分，分别对应分数5、4、3、2、1。让专家根据以往经验和学识对指标进行评价。在问卷的最后，标明"七天之内发回"的字样，保证问卷回收的时间。在问卷发送四天后，礼貌地发邮件提醒专家进行答卷。

（四）统计结果分析

通过两轮的德尔菲专家咨询，本研究得到了衡量管理研究成果向实践场域转化效能的最终指标。具体分析结果如下：

通过对专家选取情况、专家参与的积极性以及专家对管理研究实践转化效能问题的熟悉程度等进行分析，得到专家咨询的积极系数和权威系数。

1. 积极系数

在团队成员的帮助下，本次德尔菲专家咨询法共选取三个领域、对研究问题熟悉且具有很高权威的专家共18人。第一轮回收问卷16份，剔除不合格问卷2份，因此专家积极系数为77.8%。第二轮德尔菲咨询中，选取了上一轮的14名专家，问卷回收14份，专家积极系数为100%。

2. 专家基本情况分析

本轮选取的专家分为三个部分：管理研究者、管理咨询者和管理实践者（企业管理者和自主创业者），而且各专家的比例按照5∶4∶5选取，参与专家共计14人。各专家的基本情况如表5-2所示。

表5-2　德尔菲咨询专家基本情况分析

基本情况	项目	人数	构成比（%）
工作单位性质	包括大学在内的研究机构	5	35.71
	管理咨询机构	4	28.57

基本情况	项目	人数	构成比（%）
工作单位性质	非咨询类企业	3	21.43
	事业合伙人或自主创业者	2	14.29
行业经验年限	5 年以内	0	0
	5~9 年	0	0
	10~14 年	2	14.29
	15 年及以上	12	85.71

3. 专家的权威程度

从前文中我们可以看出，专家的权威程度即所用专家的有效性。主要从专家对问题的判断依据（C_a）和专家对问题的熟悉程度（C_s）来衡量。

在本次调查分析中，把专家对管理研究实践转化效能问题的判断依据分为四种：一是根据企业管理的实践经验判断；二是根据对管理理论与实践关系相关的理论分析进行判断；三是根据国内外的同行专家对管理理论与实践关系问题的探讨来判断；四是根据自己的经验以及直觉来判断。根据专家自己的判断，并通过加权平均的方式得到专家对该问题判断依据的平均分值，如表 5-3 所示，$C_a = 0.921$。

表 5-3　第一轮德尔菲法的权威程度

C_a	C_s	C_r
0.921	0.857	0.889

此外，本研究将专家对管理理论与管理实践关系问题的熟悉程度分为很熟悉、熟悉、较熟悉、一般熟悉、较不熟悉、不熟悉。然后对熟悉程度的数据进行分析，得到结果如表 5-3 所示，$C_s = 0.857$。

由于专家的权威程度包括专家对管理研究实践转化问题的熟悉程度和判断依据，所以本轮专家的权威程度为两个指标的均值。即 $C_r = 0.889$。本轮的专家权威程度大于 0.7，满足德尔菲法中对专家权威程度的要求。因此，专家对管理研究成果实践转化效能指标的意见和重要程度的赋值具有可参考性。

4. 二级指标确定的统计结果分析

对管理理论实践转化效能二级指标的确定，需要专家对各指标根据评价等级打分赋值，从而确定指标的合理性。具体分析结果如下：

（1）专家意见的集中程度分析。从表5-4中可以看出两轮德尔菲专家咨询的均值、满分频率和变异系数的差异。

表5-4 转化效能二级指标统计结果

第一轮结果				第二轮结果			
指标	均值	满分频率	变异系数	指标	均值	满分频率	变异系数
A1	4.57	0.64	0.14	A1	4.86	0.86	0.01
A2	4.71	0.71	0.10	A2	4.93	0.93	0.07
A3	4.21	0.43	0.19	A3	4.71	0.79	0.06
B1	4.57	0.64	0.14	B1	4.86	0.86	0.13
B2	4.14	0.21	0.13	B2	4.29	0.29	0.08
				B3	4.14	0.14	0.11
C1	4.50	0.64	0.17	C1	4.71	0.71	0.08
C2	4.71	0.71	0.10	C2	4.93	0.93	0.10
C3	4.36	0.43	0.15	C3	4.29	0.29	0.06

注：数据经过核实修订，下同。

由表5-4展示的各指标打分均值与满分频率计算可得，第一轮德尔菲咨询得到的二级指标评级程度得分均值为4.48，第二轮的专家咨询得分均值为4.61。第一轮专家意见的满分频率为0.57，第二轮专家意见的满分频率为0.61。由此可以看出，通过两轮专家打分，二级指标的重要性程度得分有了一定的提高。添加的指标B3也符合界值要求，下文中将予以说明。第一轮和第二轮专家打分的均值和满分频率的变化说明经过两轮专家打分，对指标的重要性进一步确认，也说明了专家意见渐趋集中。

（2）专家意见的协调程度分析。通过EXCEL和SPSS分析，由表5-4可以看出德尔菲专家咨询法得分的变异系数。第一次分析可得变异系数的波动范围为0.14±0.03，第二次分析可得变异系数的波动范围为0.08±0.02。说明不同的专家对同一个指标打分的一致性提高。

从表 5-5 中可得，第一轮专家打分的协调系数为 0.138，卡方值为 13.491，而且不具有显著性，说明第一轮专家对指标打分的相关性不显著，因此需要进行第二轮专家咨询。第二轮专家打分的协调系数为 0.414，卡方值为 46.400，满足显著一致性要求。

表 5-5 检验统计量分析

检验统计量	第一轮结果	第二轮结果
W	0.138	0.414
χ^2	13.491	46.400
P	0.061	0.000

由此可得，经过两轮专家的评判，专家对二级指标重要性的认可程度具有一致性。因此，不需要进行第三轮专家咨询。

（3）二级指标界值条件。通过对两轮得分数据进行分析，根据界值计算方式，即均值界值 = 指标均值 − 标准差，满分频率界值 = 满分频率均值 − 标准差，变异系数界值 = 变异系数均值 + 标准差，计算结果如表 5-6 所示。

表 5-6 二级指标界值

第一轮分析			第二轮分析		
均值	标准差	界值	均值	标准差	界值
4.49	0.23	4.26	4.61	0.33	4.28
0.57	0.18	0.37	0.62	0.32	0.30
0.14	0.03	0.17	0.09	0.02	0.11

根据表 5-6 所示，经过两轮界值的筛选，关于衡量管理理论实践转化效能的二级指标不存在三者都不满足的情形。而且经过团队专家讨论，考虑到这几个二级指标的重要性，对于有一项或两项不满足的指标予以保留。而且第一轮德尔菲咨询法结束后，根据专家的意见，增加了二级指标 B3（转化应用接收者特征因素），同时将转化应用者特征因素改为转化应用领导者特征因素，该指标也通过了界值筛选。因此，通过德尔菲专家咨询的方式，确定了该指标体系中的二级指标有 9 个。

5. 三级指标确定的统计结果分析

衡量管理研究成果实践转化效能的指标分为三个部分，因此在对三级指标进行确定时需要分别考虑。下文根据转化效能的三个阶段分别对德尔菲专家咨询的结果进行统计分析。

对理论实践预期效能三级指标的确定中，通过两轮德尔菲专家咨询后，专家意见的集中程度和协调程度进一步提高。

（1）专家意见的集中程度分析。从表5-7中可以看出，经过两轮德尔菲专家咨询，三级指标的均值、满分频率和变异系数也产生了变化。

其中，从各专家的打分均值经过整体计算的结果来看，第一轮德尔菲咨询得到的三级指标评级程度得分均值为4.28，第二轮的专家咨询得分均值为4.66。由此可以看出，通过两轮专家打分，三级指标的重要性程度得分有了一定的提高。

表5-7　实践预期效能三级指标统计结果

第一轮结果				第二轮结果			
指标	均值	满分频率	变异系数	指标	均值	满分频率	变异系数
A11	4.429	0.429	0.116	A11	4.929	0.929	0.054
A12	4.571	0.571	0.112	A12	4.143	0.143	0.088
A13	4.357	0.643	0.231	A13	4.786	0.786	0.089
A14	4.643	0.786	0.160	A14	4.929	0.929	0.054
A15	3.714	0.286	0.307	A15	4.286	0.286	0.109
A21	3.714	0.143	0.196	A21	4.714	0.714	0.099
A22	3.500	0.071	0.244				
A23	4.286	0.429	0.169	A22	4.857	0.857	0.075
A24	4.286	0.643	0.232	A23	4.500	0.500	0.115
A25	4.714	0.714	0.099	A24	4.714	0.714	0.099
A31	4.429	0.571	0.171	A31	4.929	0.929	0.054
A32	4.286	0.357	0.143	A32	4.857	0.857	0.075
A33	4.500	0.500	0.115	A33	4.143	0.143	0.088
A34	4.571	0.571	0.112	A34	4.857	0.857	0.075

从各指标的满分频率来看，第一轮专家打分的满分频率为 0.48±0.21，第二轮专家打分的满分频率为 0.66±0.29。由此可见，第二轮专家咨询打满分的人数增多。从均值和满分频率的变化可以看出第二轮德尔菲专家咨询的专家意见集中程度提高。

（2）专家意见的协调程度分析。由表 5-7 可得，两轮专家意见的变异系数分别为 0.17±0.06、0.08±0.02。这说明经过两轮专家咨询，专家对管理研究实践预期效能三级指标打分的一致性有所提高。由表 5-8 可得，两轮专家打分的协调系数、卡方值以及显著性水平都满足要求。由此可见，该轮德尔菲专家咨询的意见具有一致性。

表 5-8 检验统计量分析

检验统计量	第一轮结果	第二轮结果
W	0.217	0.395
χ^2	39.557	66.370
P	0.000	0.000

（3）理论实践预期效能三级指标的界值筛选。根据表 5-9 可得，第一轮专家咨询的界值为均值大于 4.28，满分频率大于 0.48，变异系数小于 0.23，经过界值的筛选，指标 A22 不满足条件，因此删去。第二次德尔菲咨询后，界值为均值大于 4.66，满分频率大于 0.66，变异系数小于 0.1，经过界值的筛选，指标 A15 不满足界值的条件，因此删去。删去指标后，专家意见依旧具有一致性。因此，最终确定的衡量管理理论实践预期效能的指标为 12 个。

表 5-9 实践预期效能指标删选界值

项目	第一轮分析			第二轮分析		
	均值	标准差	界值	均值	标准差	界值
指标均值	4.28	0.37	3.91	4.66	0.30	4.36
满分频率	0.48	0.21	0.27	0.66	0.30	0.36
变异系数	0.17	0.06	0.23	0.08	0.02	0.10

同理，经过两轮的德尔菲专家咨询，确定了转化过程效能和企业实际应用结果效能的三级指标。而且两轮德尔菲专家咨询的协调系数都达到了显著一致性要求。其中，在确定转化过程效能三级指标时，第一轮德尔菲咨询后，添加了一个二级指标——转化应用接收者特征因素，并将转化应用者特征因素修改为转化应用领导者特征因素，而且添加了四个三级指标。在第二轮分析时删去指标转化应用者具有强有力的支持团队。在对成果实际应用结果的效能进行分析时，根据第一轮结果分析，删去指标员工关系更加和谐、品牌的影响力增强，第二轮专家咨询后，删去指标员工创新意识和能力提高。

经过两轮的德尔菲专家咨询，最终确定了评价管理理论成果向实践场域转化效能的指标体系，包括一级指标 3 个、二级指标 9 个、三级指标 42 个。如表 5-10 所示。

表 5-10　管理研究成果实践转化效能指标体系

一级指标	二级指标	三级指标
A 研究成果的实践预期效能	A1 研究者特征因素	①研究者专业知识、经验丰富（A11）
		②研究者有较好的研究团队和平台（A12）
		③研究者具有将理论转化为实践应用的强烈动机（A13）
		④研究者具备足够的企业实践（咨询）经历（A14）
	A2 研究成果特征因素	①成果科学性强（A21）
		②成果的原理分析与实践操作的逻辑贴近（A22）
		③成果的应用条件与实践情境接近（A23）
		④成果的结论或对策对企业操作的指导性强（A24）
	A3 研究过程特征因素	①研究的问题或主题与企业实践问题联系紧密（A31）
		②充分收集与研究主题相关的理论和实践资料（A32）
		③采用理论分析与实践检验相结合的研究方法（A33）
		④研究过程注重在管理实践活动中进行测试或检验（A34）
B 研究成果转化过程效能	B1 转化应用领导者特征因素	①转化应用领导者具备吸收研究成果的良好知识基础（B11）
		②转化应用领导者具备主动探索、吸收新理念和新知识的积极意愿（B12）
		③转化应用领导者具备良好的沟通协调能力（B13）
		④转化应用领导者具备足够的管理经验或经历（B14）

一级指标	二级指标	三级指标
B 研究成果转化过程效能	B1 转化应用领导者特征因素	⑤转化应用领导者与专业人士有良好的合作互动机制（B15）
		⑥转化应用领导者具有敏锐的洞察力和分析判断能力（B16）
	B2 转化应用环境因素	①研究成果的应用与企业目标实现相吻合（B21）
		②企业具备良好的物质转化条件（B22）
		③企业具备变革、创新的文化（B23）
		④企业具备灵活的组织结构（B24）
		⑤组织支持吸收新知识来解决问题（B25）
	B3 转化应用接收者特征因素	①转化应用接收者具备理解新管理理念和方法的知识基础（B31）
		②转化应用接收者具备接受和应用新管理理念和方法的积极意愿（B32）
		③转化应用接收者具有充分的职业工作经验（B33）
		④转化应用接收者对领导的信任程度高（B34）
C 企业实际应用结果效能	C1 人力资源绩效提升与转化效能	①员工的工作能力提高（C11）
		②员工的责任感增强（C12）
		③员工对企业的认同感增强（C13）
		④工作满意度提升（C14）
	C2 企业经营绩效提升与转化效能	①工作任务完成的效率和质量提高（C21）
		②与研究成果相对应的问题得到解决（C22）
		③经营成本降低（C23）
		④盈利能力提高（C24）
		⑤创新活动增加（C25）
		⑥市场运营能力提高（C26）
	C3 企业社会效益提升与转化效能	①企业社会形象的评价更高（C31）
		②企业提供的就业岗位增加（C32）
		③企业缴纳的税额更多（C33）
		④企业对职工健康的关注度提升（C34）
		⑤企业的行业影响力和贡献率增加（C35）

管理研究与实践的互动关系研究：基于场域与效能的探索

三、指标权重的确定

通过德尔菲法确定了各级指标之后，就需要用层次分析法进行各层次指标间的两两比较分析，确定各指标权重。

（一）管理研究成果实践转化效能层次单排序及一致性检验

分别对一级指标、二级指标以及三级指标中的两两要素进行重要性判断，比较赋值，构造两两比较的判断矩阵。

1. 管理理论实践转化效能一级指标矩阵

对管理理论实践转化效能的一级指标——管理研究成果实践预期效能、转化过程效能以及企业实际应用结果效能进行两两比较打分，得到的值如表 5-11 所示。

表 5-11　一级指标赋值和权重

CN	A	B	C
A	1	2	1/2
B	1/2	1	1/2
C	2	2	1

其中，CN 表示决策层管理研究成果实践转化效能，A 表示管理研究实践预期效能，B 表示转化过程效能，C 表示实际应用结果效能。对表 5-11 进行计算，我们得到 W = (0.310, 0.197, 0.493)^T，这也是矩阵 XN =

$$\begin{pmatrix} 1 & 2 & 1/2 \\ 1/2 & 1 & 1/2 \\ 2 & 2 & 1 \end{pmatrix}$$ 的特征向量，其最大特征根为 λ_{max} = 3.0536，该判断矩阵的一致性

指标为 CI = 0.0268，经查询随机一致性指标表可知，n = 3 时，随机一致性指标 RI = 0.58，所以平均随机一致性指标为 CR = 0.0462。由此看来，CR = 0.0462 < 0.1，该矩阵满足随机一致性指标要求，是合格的矩阵。

从矩阵 XN 的判断元素值上看，a_{12} = 2，a_{13} = 1/2，但 a_{23} = 1/2，成对比较矩阵中出现了判断不一致的情况，但是这种不一致在允许的范围内，也是可以接受的。

由此得出，在衡量转化效能的三个准则层（一级指标）中，最重要的是企业实际应用结果效能，其次是理论实践预期效能，最后是转化过程效能。这在实际中也具有重要的意义，不论是何种管理研究理论，其最终目的是指导实践、为实践发展带来效用。因此，衡量目标的重要性为 C>A>B。

　　2. 管理理论实践转化效能二级指标矩阵

　　管理理论实践转化效能有 9 个二级指标，其中理论实践预期效能下有 3 个指标，转化过程效能下有 3 个指标，企业实际应用结果效能下有 3 个指标。分别对这三个矩阵的指标进行两两比较打分赋值，求出相对重要性。

　　（1）管理研究成果实践转化效能指标矩阵。对管理理论实践预期效能的三个二级指标——研究者特征因素（A1）、研究成果特征因素（A2）以及研究过程特征因素（A3）进行两两比较赋值，如表 5-12 所示。

表 5-12　A 指标赋值和权重

A	A1	A2	A3
A1	1	1/2	2
A2	2	1	3
A3	1/2	1/3	1

　　对表 5-12 进行计算得到 $W = (0.297，0.539，0.164)^T$，这也是矩阵 $A = \begin{bmatrix} 1 & 1/2 & 2 \\ 2 & 1 & 3 \\ 1/2 & 1/3 & 1 \end{bmatrix}$ 的特征向量，其对应的最大特征根为 $\lambda_{max} = 3.0092$，矩阵的一致性指标为 $CI = 0.0046$。查询随机一致性指标表可知，$n = 3$ 时，随机一致性指标 $RI = 0.58$，所以平均随机一致性指标为 $CR = 0.0079$。由此看来，$CR < 0.1$，该矩阵满足随机一致性指标要求，是合格的矩阵。

　　由此可知，在衡量理论实践预期效能的二级指标中，研究成果特征最重要，其次是研究者特征，最后才是研究过程特征。这说明理论研究成果对预期效能的影响最为重要。因此，对理论实践预期效能评价的影响排序为：A2>A1>A3。

　　（2）管理研究成果转化过程效能指标矩阵。对管理研究成果转化过程效能的二级指标——转化应用领导者特征因素（B1）、转化应用环境因素（B2）和转化应用接收者特征因素（B3）进行两两比较赋值，结果如表 5-13 所示。

表 5-13　B 指标赋值和权重

B	B1	B2	B3
B1	1	2	3
B2	1/2	1	2
B3	1/3	1/2	1

对表 5-13 进行计算可得，W = (0.539，0.297，0.164)^T，这也是矩阵 B = $\begin{bmatrix} 1 & 2 & 3 \\ 1/2 & 1 & 2 \\ 1/3 & 1/2 & 1 \end{bmatrix}$ 的特征向量。在该矩阵中，最大特征根 λ_{max} = 3.0092，矩阵的一致性指标为 CI = 0.0046。查询随机一致性指标表可知，n = 3 时，随机一致性指标 RI = 0.58，所以平均随机一致性指标为 CR = 0.0079。由此看来，CR < 0.1，该矩阵满足随机一致性指标要求，是合格的矩阵。

由此可得，在衡量转化过程效能时，指标转化应用领导者特征因素>转化应用环境因素>转化应用接收者特征因素。因此，在考虑将理论引入实践层时，只有领导者有意愿引进、环境适宜、接收者能够接受和应用、才能保证转化过程的顺畅性。

（3）企业实际应用结果效能指标矩阵。对企业实际应用结果效能的二级指标——人力资源绩效提升与转化效能（C1）、企业经营绩效提升与转化效能（C2）和企业社会效益提升与转化效能（C3）进行两两比较，结果如表 5-14 所示。

表 5-14　C 指标赋值和权重

C	C1	C2	C3
C1	1	1/2	2
C2	2	1	2
C3	1/2	1/2	1

对表 5-14 进行计算可得，W = (0.311，0.493，0.196)^T，这同样是矩阵

$$C = \begin{bmatrix} 1 & 1/2 & 2 \\ 2 & 1 & 2 \\ 1/2 & 1/2 & 1 \end{bmatrix}$$

的特征向量。在本矩阵中，最大特征根 λ_{max} = 3.0536，该判

断矩阵的一致性指标为 CI = 0.0268。经查询随机一致性指标表可知，n = 3 时，随机一致性指标 RI = 0.58，所以平均随机一致性指标为 CR = 0.0462。由此看来，CR < 0.1，该矩阵满足随机一致性指标要求，是合格的矩阵。

由此可得，对企业实际应用结果效能进行衡量时，指标企业经营绩效提升与转化效能最重要，其次是人力资源绩效提升与转化效能，最后是企业社会效益提升与转化效能。这说明在评价理论对企业的作用时，对其经营效益的改善是最重要的一部分，这就要求转化者在综合考虑的同时注重对这一部分的评价。因此，对衡量实际应用结果效能的指标排序为：C2 > C1 > C3。

同理，对每一个二级指标下的三级指标进行两两比较分析，各矩阵符合一致性检验，因此，得到的三级指标权重如下所示：

W_{A1} = (0.322，0.110，0.212，0.356)

W_{A2} = (0.139，0.234，0.234，0.393)

W_{A3} = (0.423，0.123，0.227，0.227)

W_{B1} = (0.119，0.231，0.136，0.292，0.086，0.136)

W_{B2} = (0.346，0.095，0.144，0.144，0.271)

W_{B3} = (0.167，0.333，0.333，0.167)

W_{C1} = (0.281，0.281，0.127，0.311)

W_{C2} = (0.206，0.206，0.115，0.206，0.061，0.206)

W_{C3} = (0.126，0.126，0.083，0.286，0.378)

（二）管理研究成果实践转化效能层次总排序及一致性检验

得到了各指标对决策层总目标衡量管理研究成果向实践转化效能的总排序之后，需要验证总排序是否具有一致性。由 CI = $\sum a_k CI_k$ = (0.31　0.197　0.493) · (0.0046　0.0046　0.0268)^T = 0.0155，RI = $\sum a_k RI_k$ = (0.31　0.197　0.493) · (0.58　0.58　0.58)^T = 0.58，计算可得 CR = $\frac{CI}{RI}$ = 0.0268 < 0.1，所以该层次总排序的结果具有较满意的一致性，并且接受该分析结果。

通过对各级指标综合权重的计算，得到各指标衡量管理理论实践转化效能指标体系的重要程度排序，如表 5-15 所示。

表 5-15 管理理论实践转化效能评价指标综合权重

目标	一级指标	权重	二级指标	权重	综合权重	三级指标	权重	综合权重	排序
管理理论实践转化效能	A 管理理论实践预期效能	0.31	A1 研究者特征	0.297	0.09207	A11	0.096	0.030	14
						A12	0.033	0.010	34
						A13	0.063	0.020	20
						A14	0.106	0.033	12
			A2 研究成果特征	0.539	0.16709	A21	0.075	0.023	18
						A22	0.126	0.038	9
						A23	0.126	0.038	10
						A24	0.212	0.066	1
			A3 研究过程特征	0.164	0.05084	A31	0.069	0.022	19
						A32	0.020	0.006	39
						A33	0.037	0.012	28
						A34	0.037	0.012	29
	B 管理理论实践转化过程效能	0.197	B1 转化应用领导者特征	0.539	0.10618	B11	0.064	0.013	27
						B12	0.125	0.025	17
						B13	0.073	0.014	25
						B14	0.157	0.031	13
						B15	0.046	0.009	35
						B16	0.073	0.014	26
			B2 转化应用环境特征	0.297	0.05851	B21	0.103	0.020	21
						B22	0.028	0.006	40
						B23	0.043	0.008	36
						B24	0.043	0.008	37
						B25	0.081	0.016	23
			B3 转化应用接收者特征	0.164	0.03231	B31	0.027	0.005	41
						B32	0.055	0.011	32
						B33	0.055	0.011	33
						B34	0.027	0.005	42

目标	一级指标	权重	二级指标	权重	综合权重	三级指标	权重	综合权重	排序
管理理论实践转化效能	C 管理理论实际应用结果效能	0.493	C1 人力资源绩效提升	0.311	0.15332	C11	0.087	0.043	7
						C12	0.087	0.043	8
						C13	0.039	0.019	22
						C14	0.097	0.048	6
			C2 经营绩效提升	0.493	0.24305	C21	0.102	0.050	2
						C22	0.102	0.050	3
						C23	0.056	0.028	15
						C24	0.102	0.050	4
						C25	0.030	0.015	24
						C26	0.102	0.050	5
			C3 社会效益提升	0.196	0.09663	C31	0.025	0.012	30
						C32	0.025	0.012	31
						C33	0.016	0.008	38
						C34	0.056	0.028	16
						C35	0.074	0.037	11

　　表 5-15 是应用层次分析法之后形成的衡量管理研究成果实践转化效能的指标体系。表中明确了各指标对最高层目标的权重系数以及重要性的排序情况。

　　如表 5-15 所示，C 管理理论实际应用结果效能的权重（0.493）大于 A 管理理论实践预期效能的权重（0.31）大于 B 管理理论实践转化过程效能的权重（0.197），这表明了实践应用的重要性。在 A 的三级指标中，最重要的是 A24，它表示理论的结论或对策易对企业进行操作和指导。在 B 的三级指标中，最重要的是 B14，它表示转化应用领导者具有足够的管理知识和经验。在 C 的三级指标中，C21 和 C22 是最重要的，它表明研究成果应用后，企业内与管理研究相对应的问题得到了解决，而且工作任务完成效率和质量提高。从专家打分和判断得到的指标重要性可以看出，对管理研究成果转化好坏的评价主要是从成果的产生、传播和应用三个方面进行的，而且不论是在哪个部分，与实践的紧密联系是最重要的。因此，在对管理研究成果实践转化效能进行评价时，只有在产生时以实践为导向、经过有效的传播、对实践产生指导作用，才能说明该理论具有良好的实践转化效能。

四、管理理论成果向实践场域转化效能的评价

通过德尔菲法和层次分析法分析得到了表 5-15 所示的各级指标相对于管理理论实践转化效能目标的总权重。根据这个重要性程度可以评价管理研究成果实践转化效能的大小。

（一）确定评价管理研究成果实践转化效能的因素集

本研究中需要的因素集有三部分，分别如下所示。

1. 管理研究成果实践转化效能三级因素集

A 的三级因素集有：

$A1 = \{A11, A12, A13, A14\}$

$A2 = \{A21, A22, A23, A24\}$

$A3 = \{A31, A32, A33, A34\}$

B 的三级因素集有：

$B1 = \{B11, B12, B13, B14, B15, B16\}$

$B2 = \{B21, B22, B23, B24, B25\}$

$B3 = \{B31, B32, B33, B34\}$

C 的三级因素集有：

$C1 = \{C11, C12, C13, C14\}$

$C2 = \{C21, C22, C23, C24, C25, C26\}$

$C3 = \{C31, C32, C33, C34, C35\}$

2. 二级因素集

$A = \{A1, A2, A3\}$

$B = \{B1, B2, B3\}$

$C = \{C1, C2, C3\}$

3. 一级因素集

$XN = \{A, B, C\}$

（二）构造评语与数值集

根据已有的指标评价等级以及当前管理研究成果实践转化评价的实际情况，与各专家进行讨论之后得到了本研究的评语集，如下所示：

V = {V1，V2，V3，V4，V5} = {好，较好，一般，较差，差}，分别对应的分数范围为（0，2]，（2，4]，（4，6]，（6，8]，（8，10]。

（三）建立目标，分配权重集

由层次分析法分析可得各目标的权重分配：

W_{A1} = (0.322，0.110，0.212，0.356)

W_{A2} = (0.139，0.234，0.234，0.393)

W_{A3} = (0.423，0.123，0.227，0.227)

W_{B1} = (0.119，0.231，0.136，0.292，0.086，0.136)

W_{B2} = (0.346，0.095，0.144，0.144，0.271)

W_{B3} = (0.167，0.333，0.333，0.167)

W_{C1} = (0.281，0.281，0.127，0.311)

W_{C2} = (0.206，0.206，0.115，0.206，0.061，0.206)

W_{C3} = (0.126，0.126，0.083，0.286，0.378)

W_A = (0.297，0.539，0.164)

W_B = (0.539，0.297，0.164)

W_C = (0.311，0.493，0.196)

W_{XN} = (0.310，0.197，0.493)

（四）构造转化效能的隶属度子集

由专家对理论成果带来的实践预期效能、转化过程效能和实际应用结果效能三个部分的指标按照上文所示的评语进行打分后，构建理论转化效能的隶属度子集。其中，$R_{ij} = \dfrac{第 i 个指标选择 V_j 等级的人数}{参与评价的总人数}$。

（五）模糊矩阵的复合计算及效能得分的确定

根据构造的隶属度子集和已知的各指标权重计算出各二级指标的得分，以此为基础，加权最终得到管理研究成果实践转化效能的得分，进而判断理论是否具有转化效能以及其体现的转化效能的大小。

以上即为通过模糊综合评价法来评价管理理论实践转化效能最终得分的

步骤，当产生一个理论或者应用一个理论时，为了更好地与实践相联系、与企业情境相适应，需要对该理论进行评价，如果符合企业实际应用的需要则引进理论，并适时调整，如果不适合则要根据自身情况选择合适的理论。

通过对管理理论成果向实践场域转化效能的评价指标体系的构建，能够得出影响理论成果实践预期效能、转化过程效能和实际应用结果效能三个部分目标实现的主要因素，进而确定各个因素对转化效能的影响程度。从表 5-15 中可以看出，与实践关系密切的指标，如 A24（成果的结论或对策对企业操作的指导性强）、C21（工作任务完成的效率和质量提高）、C22（与研究成果相对应的问题得到解决）等，这些指标在最终的评价指标体系中比重比较高。进一步说明具有实践指向性的理论成果才能实现良好的向管理实践场域的传递，这不仅仅评价了管理研究成果向实践场域转化的效能，而且为下一步提高研究成果的实践指向性、增加管理研究场域和管理实践场域的互动提供了参考依据。

第六章 管理研究与实践关系的场域效能难题分析

通过对管理研究与实践两个场域的场域惯习、知识转化的效能评价的分析，我们对两者的关系有了总体的理论把握，尤其是从场域惯习视角解释管理研究向管理实践转化的一般逻辑后，我们能够感知到两者之间存在的障碍和问题。本章继续从这两个视角解读两者之间隔阂与脱节关系的要因。此外，我们也关注到场域情境对管理研究成果实践转化环境的干扰或影响。

第一节 管理研究与管理实践脱节现象的场域理论透视

布迪厄认为，社会学的任务就是"揭示社会宇宙的各种不同的社会世界中那些掩藏最深的结构，同时揭示那些确保这些结构得以再生产或转化的机制"。在文献综述部分，我们已经阐述了管理研究与实践脱节的问题，引入场域惯习理论，将使我们对这二者之间的隔阂与冲突有更为深刻的认识。

一、场域惯习视角下管理研究向实践转化的障碍分析框架

在有关场域惯习视角下管理研究场域与实践场域关系的分析中，我们从这两个场域的差异乃至冲突中实际上已经可以推断出管理研究成果向实践转化可能会存在的一系列障碍，这些障碍将充斥在管理理论向实践转化的过程中。通过对两个场域的差异与冲突，以及管理研究向实践转化的匹配过程进行分析，我们在管理研究成果实践转化模式的基础上，提出场域惯习视角下

管理研究向实践转化的障碍分析框架（见图6-1）。

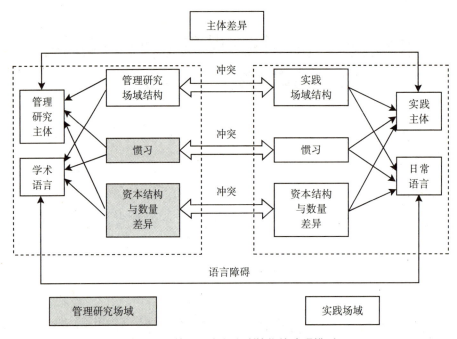

图6-1 管理研究向实践转化的障碍模型

根据图6-1，管理理论与研究向实践转化的障碍主要体现在：管理研究场域与实践场域的结构性冲突；管理研究场域与实践场域之间的惯习差异与冲突；两个场域之间存在的资本结构冲突与数量差异。除此之外，场域主体之间的语言或话语体系差异也是产生障碍的主要因素之一。两个场域在各自长期的发展演变中，场域结构、惯习、资本的相互作用生成了独特的话语体系。尤其是管理理论与研究中大量使用了通过精炼和抽象的概念与术语，形成了学术写作的独特风格，这使得实践场域的管理者难以理解，或者产生偏离管理理论真实内涵的解读，这些都将造成二者的冲突与障碍。

在提出总体框架后，下文将对这一框架中提出的冲突与障碍做深层次分析。

二、影响管理研究向实践转化的深层次障碍

（一）管理研究场域与实践场域的结构匹配性问题

管理研究场域的自主性居于科学场域和艺术场域之下，但与自主性程度最低的政治场域相比，还是具有较高的自主性，所以管理研究主体倾向于为本场域生产和服务，而不是想方设法地为实践场域的主体解决难题。自主性较高的管理研究场域与自主性较低的实践场域之间存在显著的鸿沟。

在前文的分析中已经指出，管理研究场域与实践场域之间在场域特征、与权力场域的关系、自主性大小、惯习、资本结构与数量等方面都存在显著的不同，这些差异本质上是两种场域结构匹配的差异。

1. 管理研究场域结构分析

对于场域结构的匹配性问题，从管理研究场域中管理知识的生产切入分析显然是重中之重，并且是首选的可行举措。

（1）理论知识生产中缺乏反思性。在管理研究的知识生产环节中，研究主体缺乏对前提预设、方法技术、主体自身与研究对象之间关系的反思和警醒，从而可能注定了管理研究与实践的障碍冲突，现象层面表现为二者的脱节。这一观点可以从布迪厄有关社会科学的反思性中得到论证。

针对社会科学研究者（即本书所指的研究主体之一），布迪厄指出了他们可能存在的三种偏见：第一种是个体研究者的社会出身和社会标志；第二种与主体所占的位置密切相关，本书中的位置是指在管理研究场域中的位置及在学术权力场域中的位置；第三种是唯智主义偏见，其将世界看作旁观的场景，而不是有待实践解决的具体问题，这可能导致完全忽略实践逻辑的"种差"，研究主体就有可能以理论逻辑代替实践逻辑。那些深深嵌入研究场域的预设已经内化于概念、分析工具、程序等之中，并获得了表面的合法性。这种"想当然"的合法性代替了研究主体对实践现实的必要关注，让研究主体产生了路径依赖与研究惰性。在管理研究的生产和向实践转化的过程中表现为各种概念、范畴、前提、预设等，这些既暗含在实体中，又扎根在研究主体的思维逻辑中，多数研究主体注意不到这种"实然性"。研究主体这种实然性的学术无意识忽视加上研究惰性，造成了研究场域知识生产和实践场域的匹配性障碍与冲突，也就是现象层面的管理研究与实践的脱节。

具体而言，管理研究主体在研究工作中缺乏对研究工具和分析技术的反思与警醒，也很少对自身与研究对象之间的关系进行反思。管理研究主体置身于对象之外，却在研究工作中将其与对象的关系投射到对象之中，并注入各种偏执之见，而这正是反思社会科学研究必须反对的"唯智主义偏见"。唯智主义偏见必然导致理论知识本身存在局限性，即生产理论知识的条件并非产生实践的条件。在研究的过程中，管理研究主体并未保持价值中立或者将价值判断控制在一个可接受的范围内，其自身的惯习部分内含于管理研究中，这也会导致惯习的冲突。

　　例如，在方法工具、概念方面，本书以实证方法和"职业"概念分别说明。布迪厄在其理论中认为，科学劳动的社会分工将对象构建过程中的各个环节分化为彼此分离的专业领域，并因此助长了狂妄大胆却缺少严格精确性的社会学和严格精确却想象力贫乏的实证主义。所以，在管理研究中若选择实证研究，在整个过程中应该保持对实证方法的反思，不断思考研究方法与研究主题是否相符。在概念方面，就"职业"这一概念来说，看似完全中立，但在研究中往往会固定地看待属于某一职业的群体，把某一群体看作静态的、同质的。一些概念已先入为主，在无意识的情况下被灌输到管理研究主体头脑中，从而忽略和抹杀了各种差异与矛盾，而这些差异与矛盾往往是场域中资本竞争的动力源泉。

　　（2）管理知识生产中的割裂。管理知识生产中的割裂也是管理研究与实践相脱节的重要原因，在管理知识生产中存在着管理学科中细分学科的割裂、"理论"与"方法论"之间的割裂以及出资人、研究者、使用者之间的割裂三种割裂。

　　首先，人为的学科设置往往使专家学者成为某一领域的专才，在管理研究场域这一细分场域中也是如此，管理学科细分为战略、人力、营销、财务等领域，人力资源理论没有考虑财务压力与生产效率，营销理论没有考虑战略、财务的匹配，看似完美的管理知识往往在实践中没有用武之地，即本书所说的"脱节"。在这样的背景下，管理研究主体的文化资本集中分布于某一细分领域，这与管理学科作为一门综合管理学科的地位以及实践的整体效应相悖。

　　其次，布迪厄还指出了"理论"与"方法论"之间的划分对立，他主张必须抛弃这种将科学活动划分为两个相互分离的部分的做法，这在管理研究的生产中表现为理论研究者与应用研究者之间的疏远。

从距离实践的远近来看，如图 6-2 所示，在转化的过程中，理论研究到实践应用研究之间存在着逐级过渡的关系，越趋向于理论一方，管理研究的科学性越强，越侧重于求真；越趋向于实践一方，管理研究的实践性越强，越侧重于致用。但是在我国，此种理论传递转化链条还未完善，这也是对管理主体在当前及未来发展的一大要求。

图 6-2 管理研究向实践的转化链

最后，管理研究的出资人、研究者、使用者之间的割裂。在我国，各类课题出资人多是政府主导的基金项目，对于管理研究向实践转化的事项虽然有要求但并不明确，经济管理研究课题大多数都是以符合要求的论文、专著、报告等学术形态结果来结项，而缺乏对课题实践转化的考核。这一导向导致研究者缺少对课题实践者/使用者需求的研究。另外，管理知识的主要需求者——企业、企业家、经理人，大多数不是管理研究课题的出资人（但却是主要用户），而这些需求者或使用者对管理研究成果的最基本要求就是能够解决管理实践问题，增强企业的经营绩效。但这与研究者对管理研究成果的期待和成果的知识特征是截然不同的。许多研究者虽然试图解释实践，但在缺乏激励与监督的情况下，目的就只有使自身获得更多的资本和在场域中获得更有利的位置。这就是出资人、研究者和使用者之间需求和行为的割裂。

管理研究场域结构分析是挖掘管理研究场域结构中出现的问题。上述在管理研究场域中的量化评价制度、缺乏反思性及割裂是管理研究生产中的一些关键机制或是事关转化的关键点。正是由于上述问题的存在，即使是科学严谨的管理研究，实践相关性仍然较差，更深层次的原因是，上述问题导致了管理研究场域与实践场域的结构匹配性差，管理研究向实践的转化就出现了异化、脱节等问题。

（3）量化评价制度绑架管理知识的生产。从同行评议到量化评价制度再到当前管理研究评价制度的变革，这一历程显示了外部权力场域正在不断形塑管理研究场域的自主性，管理研究场域的变迁有着外部权力场域的深刻烙印。虽然当前占主导地位的量化评价制度克服了同行评议的一些弊端，相对公平公正，增加了评价的客观性，但其自身也是不完美的。量化评价制度表面的客观公正奴役了管理研究主体，对其造成了"符号暴力"，即表面的"客观公正"反而使管理研究主体默认了场域规则的合法性，使其缺乏足够的勇气与力量进行反思和行动。

管理研究主体中的专家教授所在的高校，在考评、人员晋升、学术奖励等方面都鼓励其追求学术性的目标，不鼓励实践性论文的撰写，这是由现在占主导地位的量化评价制度决定的，专家教授若不遵循此游戏规则，不去追求学术性目标，而是注重实践价值，则会被边缘化，多年积累的文化资本与社会资本将无人重视，在课题项目的申报上也不会得到经济资本的回报。对比之下，实证研究将对象的理论建构化为一系列的假设和指标，虽然导致了管理研究与实践的脱节，但是获得了评价制度的认定，并会获得更多的资本，占据更有利的位置。所以，量化评价制度导致缺乏强烈的激励机制与利益分享机制推动转化，扭曲了管理研究主体的惯习，惯习又在时间中将意义、判断、评价灌输到场域结构中，因而量化评价制度下的管理研究场域结构自然无法与实践场域完全匹配。

2. 实践场域结构分析

实践场域结构分析是假设管理研究本身没有问题，实践场域在转化中存在场域结构匹配性问题，实践场域的结构分析有时会不得不进行管理研究场域结构与实践场域结构的比较。

（1）管理研究的应用转化中缺乏反思性。布迪厄提倡"反思"，但是在管理研究向实践的转化中，除了在管理知识生产中缺乏反思性外，由于实践主体较管理研究主体在专业文化资本方面更加不足，尤其是逻辑分析、专业训练等方面不足，所以管理研究的应用转化中更加缺乏反思性。

首先，实践主体在无意识的情况下对企业在实践场域的结构存在不正确认知。在静态中，实践主体对企业中的资本数量与结构缺乏正确的认知，存在高估或者低估的情况，进而影响了对企业市场位置的确定和对实践场域结构的正确认识。在动态中，管理实践场域结构处在组织权力场域、市场场域、人力资本场域等诸多场域的影响或支配下，在动态变化中引发一系列管理问题，需要引入新的管理知识和理念来破解。但实践主体往往保留着对本企业过去实践场域结构的认识，这种认识容易形成企业家、经理人等实践主体的思维定式，使其很难进入一种深度反思和破解这种思维定式的状态。

其次，企业内外场域结构的压力导致实践主体无暇反思。管理研究场域与实践场域的结构存在差异，两个场域都有自身的逻辑和必然性，实践主体对这一点非常明了，但是当实践主体进入管理研究的应用转化阶段后，很少能有实践主体对实践场域进行深刻的、正确的反思，在任务压力、绩效考核等外部压力，企业同行的示范性压力和内部私人利益或动机的驱动下，就会对管理研究发生作用的场域氛围、结构等全然不顾。

（2）转化中场域结构调整存在阻力。管理研究向实践的转化是以企业文化、制度流程、管理技术、分析工具等形式进行的。不论是大企业的事业部还是中小企业的部门，实践场域在长期的发展演变中，每个部分都有自身的运行逻辑，管理研究很难在场域结构中保持平衡，轻则在转化中出现短暂的场域结构"混乱"，在转化效果较好的情况下，场域结构会出现新的动态平衡；重则给实践主体带来严重的组织冲突和巨大的社会成本，超过管理实践场域的张力，既难以恢复，又难以重塑。当然，转化过程与企业变革有一定的共同之处：原来稳定的场域结构被打破，这表面上是职务、流程、制度的调整，但反映的是利益、权力等的重新配置，这在很多实践主体中会产生抵触甚至是冲突。

在实践场域结构下，企业经常面临内外场域的不稳定甚至是动荡的场域结构，在这样不稳定的场域包围下，实践主体只能动态适应场域，这是实践场域本身的动态性。管理知识的生产中有的因没有考虑时间变量而缺乏动态适应性，即使是考虑了实践场域的结构变化，但是就目前的传播渠道、媒介、机制来说，管理研究中的艺术性或隐性知识被损耗殆尽，管理研究仅剩下科学性，这样的管理研究已然僵化，很难与实践场域结构相匹配，转化效果很差。

实践场域是经济资本主导下的场域结构，虽然管理者是转化的执行主体，但是转化的主要后果由经济资本的供给者股东承担，所以股东及其代理人——董事会掌握着对管理研究转化的最终评价权，股东更加关注短期的经济绩效，管理研究的转化不会对企业的生存发展造成危害，而管理研究在转化中对企业造成的不稳定、冲突等场域结构的变化，即暂时的"不合拍"，往往被认为是对企业生存发展的危害，这更加大了转化的阻力。

综上所述，管理研究场域内部存在着量化评价制度主导管理研究、缺乏反思性、与实践割裂等问题或冲突，实践场域结构内部也存在着缺乏反思、场域结构调整存在阻力，这些问题导致了两个场域之间匹配性差，造成场域结构冲突，进而影响了两个场域的对接，表现为转化的效果难以令人满意。

(二) 管理研究场域与实践场域的非相容性问题

在转化过程中，除场域结构不匹配会直接作用于转化过程外，场域结构也会通过惯习、资本以及相互作用导致的主体差异影响管理研究向实践的转化，这就是本节所说的管理研究场域与实践场域的非相容性。

1. 惯习冲突

在场域内部，管理研究主体惯习相似，又处在同一个场域，实践主体亦然，所以行动者与本场域大体上是契合的。但是管理研究向实践转化的过程中，管理研究主体的惯习从管理研究场域到实践场域出现了"不吻合"，即本文所说的惯习冲突。现实中，管理研究场域和实践场域之间存在着严重的割裂，分处两个场域的惯习之间也存在着巨大的差异，主体在面对这种高度不对称性的场域结构时，会出现无法接受新知识、认识上的意义混乱甚至产生相互排斥。

举例来说，实践主体"利润至上"的动机驱动与管理研究主体对企业利润忽视甚至排斥之间就存在冲突，管理研究者往往会考虑员工薪酬与福利、社会责任、组织关系、企业伦理等利润至上以外的其他目标，但是一般不考虑追求这些目标对企业利润的影响。不过管理研究的最终实施结果却是由实践主体承担，实践主体往往排斥那些不能直接增强企业利润的管理知识（研究成果），而仅愿意实施管理研究中有利于增加企业利润的部分，这又反过来影响管理研究的转化效果或导致管理研究的异化应用。这就是两者行动惯习冲突的一个典型事例。

从传统上来说，我国当前的社会体制、经济体制是由计划经济体制和僵硬的政治体制改良而来，管理研究场域和实践场域之间的"条块分割"和

"各自为政"由来已久，管理研究主体和实践主体在各自长期的熏陶下，其惯习的形成是经年累月的结果。在管理研究向实践转化的过程中，主体之间的联系交流必不可少，但是即使是在各场域的主体已经意识到其惯习已经不适合当前场域的情况下，惯习仍然具有滞后性而且抗拒变化，所以其滞后性必然会带来冲突。

2. 资本结构与数量的差异

管理研究主体在长期的学习生涯与职业研究生涯中积累了雄厚的专业文化资本，包括身体化、客观化、制度化三种形式，表现为显性知识与隐性知识，知识库的积累都相对丰富，但是经济资本与社会资本不足。所以，对管理研究主体来说，专业文化资本雄厚，但经济资本较少，社会资本主要集中在本场域内部。

另外，在我国，企业实践主体发展历程不长，实践主体经济资本雄厚，但管理知识这一专业文化资本往往不足。文化资本的不足具体表现在：企业缺乏自身特有的、有效的企业文化；显性知识没有有效地以制度化、客观化的形式固定下来，隐性知识集中于个人而非组织。实践主体文化资本的质量与数量是影响吸收能力的关键。经济资本在机会、资源和商业创意的结合下，短期内可以快速增长，但专业文化资本与社会资本却需要长期的积淀。两个场域之间的资本结构与数量的差异，是阻碍管理研究成果向实践场域转化的根源之一。

就管理研究向实践转化这一过程而言，经济资本、社会资本在转化过程中主要起支持作用，与管理研究向实践转化休戚相关的仍然是文化资本。各种资本之间的等级次序随着不同场域以及场域的变化而有所不同，管理研究场域中文化资本的多少决定了主体的位置及话语权，而在实践场域中是经济资本。管理研究主体和实践主体资本结构与数量的差异成为转化的障碍，这一障碍贯穿于管理研究向实践转化的整个过程。

3. 主体差异

作为个人性与集体性兼具的惯习只有寄居在主体中才能发挥作用，资本是主体进行场域竞争的手段和目的。主体差异是场域结构冲突、惯习冲突与资本冲突在身体层面的综合体现。管理研究主体注重理论与研究中系统完整的体系、严密科学的逻辑论证，在此基础上才是实践价值的考虑。实践主体的诉求相对多元化，职业经理人出身的经理人员除了考虑管理研究带来的绩效提升等组织目标外，还会考虑职业发展等个人利益以及实施风险等，国企经理人员还会考虑上述因素以外的政治风险，尤其是有着决策权的企业家（家族企业）则是完全的利润至上，如果管理研究有利于增加利润，则积极支持。上述实践主体在实践中会根据自身的目标对管理研究进行选择性应用，主体之间目标诉求的差异也是导致转化效果欠佳的一大原因。

张玉利（2008）从宏观上管理实践层面水平差异的角度，认为"脱节"是先进理论与落后实践的脱节，而相对于先进的管理实践，管理理论又常常是滞后的。[①] 由于资本折旧的存在，主体的资本存量随着时间、环境的变化会贬值。管理研究主体或实践主体以往的成功经验与失败教训所构成的隐性知识，都是由主体亲自验证过的，灌输在主体的惯习与资本之中。场域中的结构关系、资本结构等都已变化，惯习的滞后性造成的无意识会导致未意识到场域的种种变化，或即使意识到但缺乏应对之策。管理研究对知识折旧较为严重的主体来说，必然与其惯习与所认知的实践逻辑不吻合。所以，主体会不接受或者排斥转化。管理研究主体的资本折旧会导致理论落后于实践，而实践主体的资本折旧就会导致实践落后于理论。

4. 语言障碍

管理研究向实践转化过程中学术语言与日常语言之间的语言障碍存在于管理研究主体与实践主体之间，是场域结构冲突、惯习冲突、资本冲突导致的次生障碍，也是三大障碍的外在形式。

就实践中的日常语言本身来说，日常语言使我们在行动者与他的行动、结构与过程或者对象与关系之间做出不自觉的概念区分，其结果就是妨碍我们把握社会中相互交织的复杂关系的逻辑。而社会科学没有必要在这些极端间做出选择。日常语言"更适合表达事物而不是关系，呈现状态而不是过程"，这一特性使实践主体往往看不到自身以及其他主体文化资本特性的变化，这将导致二者理解与沟通的障碍。

布迪厄反对为"理论而理论"，或者把理论的体制看作是孤立的、自我封闭和自我指涉的话语领域，即所谓言语的学说或称为文字的游戏。管理研

---

① 张玉利. 管理学术界与企业界脱节的问题分析 [J]. 管理学报，2008，5（3）：336-370.

究场域在长期的演进中形成了特有的语言系统，与管理研究主体所掌握的学术语言完全不同，实践场域中使用的日常语言与管理研究场域中的学术语言在表达方式、常用语、语言逻辑、目的性等方面存在很大差异，加之实践场域中的主体在教育背景、文化素养等方面差异明显，以及实践主体所处组织的性质、规模大小、所处地域等都对其日常语言有很大影响，所以相当一部分实践主体不理解学术语言或者对学术语言存在误读，只知表面形式，而不理解其中的精髓本质，这样管理研究向实践转化的效果必然大打折扣。

（三）管理知识向实践转化过程中的场域惯习冲突

上文对场域结构匹配性、两个场域的非相容性（即惯习冲突、资本结构与数量冲突等）进行了静态分析。在转化整体模型的框架下，借鉴戚安邦和高跃（2014）[①]构建的管理实践问题和理论研究脱节与滞后过程模型，提出了如图 6-3 所示的管理研究向实践转化的路径。

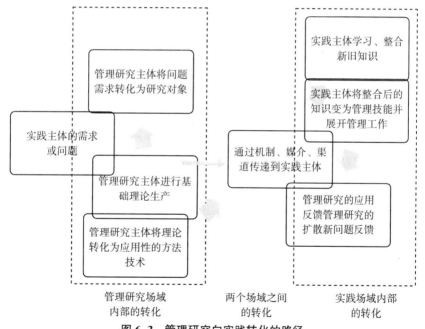

图 6-3 管理研究向实践转化的路径

---

① 戚安邦，高跃.管理实际问题与理论研究脱节及滞后模型研究［J］.科学学与科学技术管理，2014，35（8）：11-17.

1. 管理知识生产中研究场域与实践场域的障碍分析

首先，当实践主体遇到新的问题或者产生新的需求时，他们往往不会求助于管理研究主体，特别是其中的专家教授，场域结构迥异，主体之间存在天然的场域距离，造成并加深了管理研究的滞后。这是消除脱节并促进转化的一个迫切问题。事实上，只有管理研究主体与实践主体在此阶段紧密协作，才能就双方共同关注的问题进行研究与转化。

其次，管理研究主体在专业性文化资本积累（表现为隐性知识与显性知识）的支持下，将实践需求转化为研究对象，进行基础理论构建以解决实践问题。在这个阶段，管理研究的学术合法性基本不存在问题，但是在客观化的场域结构（如量化评价制度）、主观化的场域结构（如惯习、单一文化资本）以及外部权力场域的联合作用下，管理研究场域将演变为"限定的生产场域"，呈现出一定的"自我生产机制"，理论生产主要为本场域的行动者服务，在基础理论生产上"漠视"实践。管理研究主体将理论逻辑强加于实践逻辑，混淆"实然"与"应然"。

最后，管理的理论研究一般无法直接向实践转化，需要管理研究主体在操作性上将其转化为实践上可行的原则、方法、技术，并进行学术语言向实践语言的转换。这个环节要着力解决管理理论生产环节在场域、惯习、资本等方面在转化中的潜在冲突，这个环节虽然处于理论生产的辅助性地位，但此阶段在弥合场域结构冲突、惯习冲突、资本冲突中的衔接作用至关重要。现实中，管理研究主体往往由于经济资本匮乏与场域结构中激励不足而没有能力和动力进行"理论"到"方法论"的飞跃①，这就对管理研究这一文化资本在场域间的转化造成了很大困难，转化效果也会大打折扣。

2. 两个场域之间在研究向实践转化中的障碍分析

管理理论或知识通过机制、媒介、渠道等重要连接方式传递到实践主体，这一传播过程可以分为知识理论的传播与实践性方法技术的传播。这个环节的转化面临着机制不稳定、媒介载体性不强、渠道拥挤等问题，再加上上一环节在操作性和语言转换上的失败，场域结构的难以匹配、惯习冲突、

---

① 彭贺. 严密性和实用性：管理学研究双重目标的争论与统一 [J]. 管理学报，2009，31（1）：9-15.

资本冲突在此阶段呈现，表现为零散但颇多的传播障碍、众多干扰因素，导致管理研究在转化中存在相当的损耗，具体阐述如下：

首先，就管理研究成果实践转化机制而言，管理研究成果向实践转化缺乏一个"良性、激励和高效"的机制。尽管当下管理研究主体与实践主体也有许多交流互动的平台，如（E）MBA 教育平台、经理人培训平台、管理微信公众号，甚至搭建了不少学者与企业家之间的交流论坛。但这些机制、平台仍然存在管理研究主体与实践主体"自说自话"的脱节现象，彼此之间的可沟通性、目标导向性、沟通效率、沟通可持续性均不强。以（E）MBA 教育平台为例，Ghoshal[①]、明茨伯格[②]指出 MBA 教育中存在明显的脱节，国内的 MBA 教育已然"异化"，成为实践主体之间"关系"投资的场所，而没有发挥管理研究与实践之间的桥梁作用。

其次，异化应用的动机对管理研究转化过程的干扰。[③] 企业的经营管理者是管理理论与知识实践转化的决策者、领导者乃至执行者，他们的动机与觉悟直接决定了管理理论与方法使用的科学性和应用水平，从而主导了管理理论向实践转化的效果。如果经营管理者在采纳管理理论与知识前后，能够回避个人利害动机，站在企业整体和长远发展的角度思考与推动企业的管理变革，则他们更可能站在"价值中立"的角度来推动管理理论与方法的实践转化，那么，异化应用发生的可能性将大大降低。反之，如果经营管理者在决定使用某种管理理念与思想时，过多考虑个人利益得失，而准备采用的管理理论诉求与原则中，既有能极大增强其个人利益与权威的方法，又存在与其个人私利和想法不相容的原则时，那么决策者和执行者在采纳与推广某一管理理论与知识时，必然会对管理理论进行有利于自己和利益相关者的剪切与改造，从而导致管理理论转化应用的效果大打折扣，甚至异化为该管理理论诉求的对立面。例如，20 世纪 80 年代以《日本企业管理艺术》、《Z 理论——美国企业界怎样迎接日本的挑战》等为代表而兴起的企业文化理论，

---

① Ghoshal S. Bad Management Theories Are Destroying Good Management Practices [J]. Academy of Management Learning and Education，2005，4（1）：75-91.

② 明茨伯格·H. 管理者而非 MBA [M]. 杨斌译. 北京：机械工业出版社，2005：2-13.

③ 本段论述来自：乐国林，陈春花，毛淑珍. 管理理论实践转化中的异化应用现象探析 [J]. 管理学报，2013，10（3）：347-352.

一度给工商管理界带来了管理文明的清风。但在实践应用中，许多企业家和经理人将企业文化视为"老板文化"和老板的价值观，甚至认为企业文化可以给员工"洗脑"，增强管理者的权威，加强对员工的管理控制，激发员工的主动性和上进心，塑造良好的外部形象，做到"控制上有工具，市场上有形象"。他们刻意忽略了企业文化的特性之一："员工主体性"——企业文化是全体员工在实践中建设、共享、促进企业与人共同发展的文明精神准则[①]，担心员工的民主参与和集体诉求将削弱领导与管理者的权力和权威，大幅增加内部管理的时间成本和社会成本。

最后，隐性管理知识转化的难题与障碍。管理研究成果中除了行之于文的管理知识、理念和方法外，还有许多在管理研究成果生产过程中形成的碎片化、沉淀性、未系统化、默会性的知识，它们所形成的隐性专业文化资本沉淀在管理研究主体的心灵中。这些知识很难随着管理知识的传播和管理实践的应用而被发现、重视和有效调用，但可能对管理研究成果向实践转化具有十分重要的辅助作用，甚至其本身也可以构成"实践有用性"知识。另外，在管理研究或理论的载体传播中，由于传播者的偏好选择、多重传播造成的遗漏，一些重要的显性管理知识被隐匿，成为隐性管理知识，淹没在传播和转化过程中。这些都是管理研究成果的转化障碍。

3. 实践场域内部的转化障碍分析

实践主体在学习、整合新旧知识的过程中，由于前述场域结构冲突、惯习冲突、资本结构与数量等问题，其在将管理研究整合吸收的过程中面临各种冲突，出现"水土不服"、异化、脱节等转化中的问题。

经过一定时间的整合吸收后，实践主体获得管理技能、管理思想等专业形态的文化资本，实践主体在新的管理技能与思想观念的指导下进行管理实践，并逐渐实现专业文化资本向经济资本与社会资本的转变。之前呈现的两种场域结构不匹配、惯习冲突、资本冲突在此时集中涌现。这时实践主体自身存在的新旧管理惯习、资本和行为之间的冲突显得剧烈、繁杂且毫无章法、不明原因。不过，这一环节的积极意义在于管理实践能够在一定程度上纠正上述"水土不服"、异化、脱节等转化中的问题，动态调适场域结构，

---

① 齐善鸿. 道本管理：中国企业文化纲领 [M]. 北京：中国经济出版社，2007：184-189.

变革惯习，转化过程中资本结构与数量也在不断变化，但是这仅仅能对两个场域之间和实践场域内部的转化进行纠偏，所以若是管理知识生产上的问题，则冲突、脱节、异化等问题就会成为现实。

在现实的管理研究成果的应用过程中，需要根据企业所在行业的特点、规模大小、发展阶段等对管理研究进行调整，在深刻理解管理研究的基础上进行整合变通，这就对实践场域的实践主体——经理人员或企业家的惯习变革、资本（特别是文化资本）方面提出了较高的要求。首先，在惯习上，这类实践主体的惯习历经实践长期的灌输，作为一种性情倾向系统已经固化下来，加之年龄原因愈加保守，对管理研究的转化排斥明显。其次，资本特别是文化资本正是我国当前企业家群体所欠缺的，这主要是由于我国现有的第一代企业家受教育程度不高，第二代企业家虽然具有一定的知识，但是面对当前科技的发展和管理的现代化，其知识折旧严重，文化资本贬值，而这两类企业家在我国的经济中占据着举足轻重的地位。所以，在我国现有的社会环境下，要求实践主体将一般的管理规律和特殊化的实践知识结合起来还是有相当的难度。

第二节　管理研究向实践转化的效能难题分析

除了管理研究场域与管理实践场域之间存在的资本、惯习差异外，效能的差异也会影响管理研究与实践的有效互动。在管理研究场域与管理实践场域中，对效能的预期和结果存在一定的不同，这对衡量理论向实践场域的转化有一定的影响。

一、实践预期效能实现的难题

实践预期效能是研究前期对即将要研究的问题具有的能够起到实践指向性的结果的一种预期和估计。因此，主要是在管理研究场域中存在。影响管理研究成果向实践场域转化的实践预期效能主要体现在研究场域中的研究者、研究成果以及研究过程三个方面。

(一) 研究主体的问题

研究主体在理论的研究和成果的生成上具有导向作用。但是研究者本身具有一定的特点，对研究成果的实践预期效能实现可能存在一定的影响。

首先，研究者本身的知识和经验问题。只有具有丰富的学识和经验，才会拓展研究的广度和深度，才会发掘需要研究的领域。在管理研究中，研究者的资历和经验会影响研究的真实性与可靠性。其次，研究者的研究动机对实践预期效能的实现有重要作用。若研究者为了填补学术的空白或者为了解决实际中出现的问题进行管理研究，则得到的研究成果具有较高的质量，否则因为专家们主观意见的影响，会影响研究成果的实际应用价值。再次，管理研究者具有的研究场所和研究团队对研究的价值也起到一定的作用。良好的团队、有力的资源等为研究提供了基础和支持，这也是影响效能实现的因素之一。最后，研究者是否具有实践咨询的经历是影响其研究思路和思维的重要方面。担任过企业咨询的研究者能够了解企业经营中哪里有问题需要解决、哪里需要提高，这样的研究才会有针对性，才会具有实践的价值。

从对研究者特征的研究来看，虽然研究者大多具有较好的学术训练，知识比较丰富，但是管理研究能力不一定强。即使是具有丰富研究经验的学者，在进行研究时依旧会受到单纯的兴趣爱好、职位晋升等的左右，这对于管理研究成果的实践预期效能实现存在一定的影响。此外，大多数的研究者缺乏企业的咨询经历，只是一味地根据自己的思维进行研究，圈子比较窄，因而产生的理论成果带有自身的局限性。因此，管理研究者的特征因素在一定程度上阻碍了管理研究成果实践预期效能的实现。

(二) 研究成果自身的问题

管理研究成果是管理研究场域工作的结果，而且是转化的主要部分，其质量的高低直接关系到转化的结果和效果。因此，管理研究成果是否具有实践指导性，会直接影响到理论预期效能的实现。

从研究中来看，研究成果大多具有以下特点：首先，研究成果追求严谨性和逻辑性，严格按照研究者的逻辑思维来进行。其次，研究成果学术语言高深，只适用于学术层面的交流和探讨。最后，好的研究成果大多发表在高端的学术期刊和杂志上，而企业家们很少关注这些层面的杂志和期刊。

要想实现良好的实践转化效能，研究成果的来源必须要密切联系企业的问题，以解决企业中存在的问题为导向，研究的过程必须科学、合理，而且得到的成果需要检验。因此，当前研究成果自身的来源、研究过程以及成果检验方面的问题可能会影响实践预期效能的实现。

（三）研究过程的问题

管理研究的过程特征也会影响管理研究成果实践预期效能的实现。在管理研究中，要想研究出好的理论，除了研究者自身具有好的条件外，研究过程的科学性与合理性对研究成果的影响也很大。

首先，在研究方法的选择和应用上，针对不同的问题、性质、特点以及解决措施等，研究者会选择不同的研究方法，如实验法、咨询法、实证法等，选择一种合理的方法对于结果有事半功倍的效果。其次，在研究的初期，需要根据研究的问题进行资料收集，了解国内外对于该课题的研究情况以及还存在的问题等，这对问题的理解和研究的开展具有重要作用。此外，在研究过程中是否注重与实践的结合、是否及时向实践层反馈等对最终的研究结果都有一定的作用。

在研究的过程中，大多数研究者都是根据已有的资料、多数普遍适用的方法来研究问题，并没有针对性。而且在研究的过程中大多注重理论的学术价值以及其所在期刊的等级，对实践的指向性涉及较少。研究成果的出现主要是学者学术价值的体现，很少有实践的反馈与互动，这不利于研究成果实践预期效能的实现。

二、转化过程效能实现的难题

在理论向实践场域转化效能的问题上，除了在管理研究场域中存在影响理论的实践预期效能实现的因素外，在理论研究场域向实践场域的转化过程中，也存在影响转化过程效能实现的因素。

（一）转化应用领导者的问题

在理论转化的过程中，首先需要一个转化的主体，即将研究成果从理论场域传递到实践场域的传播者和接受应用者。在转化过程中，能够将理论成果转化应用到实践层的就是转化应用的领导者。

转化应用领导者本身属于企业的管理者、企业家等，他们本身具备良好的管理实践经验和一定的管理知识。在转化效能实现的过程中，这些领导者本身具备的知识基础和管理实践经验能够促进理论成果有效地转移到实践层面。而且管理者吸收、应用知识的意愿和能力以及他们具有的沟通协调能力等对于企业管理至关重要。这不仅能够解决企业经营中出现的问题，还能够引进新的思想和方法保证企业的基业长青。

在企业实际的管理者中，存在大批具有实践经验和管理知识的企业家，但是也存在一部分只注重实践而忽略理论影响力的经营者。不仅如此，即便是企业家们知道管理理论的重要性，但是在实际中很难引进理论来解决实际问题。因此，在管理理论成果向实践场域转化的过程中，企业家的因素会影响转化过程效能的实现。

（二）转化应用接收者的问题

应用主体除了企业家等领导者之外，还包括实施管理理论成果的企业员工，这部分主体属于理论成果转化应用的接收者。接收者的特征因素也会影响转化过程效能的实现。

首先，转化应用者接受知识的能力和意愿对于理论的应用效果有明显的影响。这取决于转化应用接收者本身的知识水平和能力。其次，接收者的工作经验也会对转化效能产生影响，一定的工作经验会引导接收者选择、吸收和应用对自己工作有帮助的新的理论和知识。最后，一个新理论的应用还受到员工对领导的信任和依赖程度的影响。信任和依赖程度高的领导者实施一项新的工作往往会取得较好的效果。

当前的员工大多是知识型员工，都有自己的思想，在工作中自主性较高，对领导的依赖性变得不那么强烈。因此，在企业中引进一项新的理论来解决问题时，可能会存在个别员工不积极实施甚至消极应对的情形。这对转化应用过程效能的实现具有不利影响。

（三）转化应用环境的问题

除了转化应用主体之外，转化应用的环境因素对效能实现也具有一定的影响。这里的转化应用环境主要是指企业组织环境对转化的影响。

理论成果要想实现良好的转化，首先，一定要与企业的经营目标相吻合，不仅能够解决问题，更能够为实现企业目标和战略提供支持。其次，企业内部需要有灵活的组织结构应对变革，组织内需要有和谐、开放的企业文化来接纳新的理念、充实组织思想，组织内需要有良好的物质基础和条件来适应组织发展。最后，组织要支持引进新的理念和方法解决问题。

在互联网时代，组织大多数都有兼容并蓄的文化以及灵活的组织结构，但是在引进新理念和新思想方面可能并没有紧跟时代步伐，因此组织在引进新的理论方法方面依旧存在一定的障碍，这都影响转化过程效能的实现。

三、应用结果效能实现的难题

管理理论成果从管理研究场域向管理实践场域完成转化之后，对转化后的应用结果效能也需要进行衡量和评价。而这一评价主要发生在管理实践场域情境中。在对理论成果的应用结果效能进行评价时，主要是从应用后对人、对组织和对社会这三个方面的促进作用进行。同样也是这三个方面存在一定的影响效能实现的难题。

（一）人力资源绩效的提升问题

理论应用到实践场域之后，首先受到影响的是场域情境中的主体，理论成果的引进可能会影响人的能力、心理和行为，从而对人力资源绩效产生相应的影响。

首先，员工的工作能力发生了变化。引进新的理论对实践场域来说，在一定程度上能够解决实际中存在的问题，进而会影响员工解决问题的思路和方法，影响员工的工作效率。其次，从管理研究场域中引进的理论与实践场域的惯习存在一定的差异，这很可能会对实践场域中的组织文化等产生一定的影响，由文化及员工，进而对员工的组织认同、责任感等方面产生一定的影响。另外，引进新的理论解决了实际难题后，能够增强员工的工作满意度。

当前的员工大多属于知识型员工，纯粹的物质激励对员工满意度等的影响降低，越来越多的员工注重自我价值的提升。而且人力资源绩效的提升是潜移默化的，不是一下子能够直观地反映在数据上的，员工的工作能力、信赖感和认同感等也不能直观地衡量。因此，对人力资源绩效提升的衡量存在困难。此外，即使理论成果解决了企业的问题，对于员工来说并没有得到实质性的回报，这也会影响人力资源绩效的提升，从而影响应用结果的效能。

（二）组织经营绩效提升的问题

提高企业的经济效益是管理实践场域情境中要实现的主要目标。因此，提高组织的经营绩效是提高理论实践应用结果效能的重要方法。

首先，管理实践场域情境中的组织正确应用了管理研究场域转化的研究成果之后，给企业员工完成工作的效率和质量带来一定的影响。如果应用得当，可以解决与该理论研究相对应的问题，进而提高企业的经营管理效率，这是引进理论后最直观的反映。如海尔的日清日结观念，使工作效率得到了很大的提高。其次，通过引进先进的理论成果，能够影响企业的经营成本和盈利能力，这些指标都可以通过一定的财务指标体现出来。一般来说，引进新的理论后，企业的利润率等指标会有一定的变化。最后，新的思想的引入会促进企业创新思想和创新行为的出现。只要理论成果实现了良好的转化，就会对实践场域中企业的市场占有率、市场运营能力的提高产生促进作用，这也是企业经营想要达到的最终目标。例如，华为新理念的应用促进了一大批知识工作者创新能力的发挥，进而提高了竞争力。

对于经营绩效提升的问题，由于不同的组织之间存在情境的差异，因此管理理论成果引进之后作用的方面可能与预期有一定的差别。管理中存在的问题也有大有小，难以有效估计。企业经营成本降低、盈利增加等可能受到其他因素的影响，很难区分到底是什么影响了企业的经营绩效。因此，在企业的组织经营绩效方面，可能难以确定因转化得到的经营绩效提升，进而影响实际应用结果效能的实现。

（三）社会效益提升的问题

除了经济效益外，社会效益也是企业在经营过程中时刻关注的。在管理理论成果向实践场域转化带来的应用效果中，对社会的效益也是其中的一部分。主要体现在以下几个方面：

首先是企业的社会形象问题。企业的社会形象评价是否因为引进了理论成果、解决了一定的问题而有所提升。其次是企业对社会的贡献问题。引入和应用理论成果之后，企业对社会就业的贡献、企业税额的缴纳情况以及企业对职工的关注度问题是否有所提高等都是衡量企业应用结果的尺度。最后是引进理论成果后，企业的行业地位和影响力可能也会出现变化。例如，华为公司通过领先的绿色解决方案，降低了二氧化碳和能源的消耗，创造最佳的社会、经济和环境效益，从而提升了企业形象，赢得了竞争力。

因此，在实现社会效益提升的过程中，企业对组织、对社会的贡献是主要尺度。但是如果企业引进先进的理论之后虽然解决了企业中出现的问题，但是并没有将影响拓展到对社会和组织的贡献上，而且组织的规模也没有变化，则体现在社会效益上可能并不明显。另外，这种提升需要经过较长时间的检验，因此，实际应用结果效能的衡量存在一定的困难。

不论是理论实践预期效能、转化过程效能抑或是实际应用结果效能的衡量都存在一定的问题，这些问题体现在组织、个人以及成果本身上。要想实现管理理论成果的实践转化效能，就需要认清各个过程中的主要问题和矛盾，进而采取措施解决问题。

第三节　管理研究成果向实践场域转化的场域情境问题：基于目标管理理论实践转化的实证分析

一、组织管理中的场域情境因素概述

（一）组织情境因素的内涵

组织情境是近年来学术界经常用来揭示或解释组织管理行为和成长演化的过程与结果的重要理论概念。对于组织情境概念的定义和使用主要有两种层次，即宏观层次和微观层次，前者倾向于将组织情境定位为一种相对静态的系统和环境，组织情境是由组织的物质、技术、制度、流程、人员结构形成的结构体系；[1][2] 后者倾向于将组织情境视为组织成员感知到的具有相互关系的内部系统和外部环境所组成的动态氛围，主要包括领导支持、组织文化、组织鼓励、心理氛围、资源充沛和任务挑战等。[3][4] 本研究关于企业的组

---

① Jensen R., Szulanski G. Stickiness and the Adaptation of Organizational Practices in Cross-border Knowledge Transfers [J]. Journal of International Business Studies, 2004, 35 (6): 508-523.

② 徐淑英，张志学. 管理问题与理论建立：开展中国本土管理研究的策略 [J]. 南大商学评论, 2005 (4): 1-18.

③ 王利平. "中魂西制"——中国式管理的核心问题 [J]. 管理学报, 2012 (4): 473-480.

④ 李春利. 基于情境理论的知识转移情境的动力机制研究 [J]. 图书馆学研究, 2011 (19): 2-5.

织情境的定义为在企业引入管理理论的时间点企业所处的状态，并且该状态将影响理论向企业转移的效果，该状态由企业文化、组织结构、企业信息的转播渠道、企业目前的政策法规等组成。

当然，组织情境构成要素有很多，不同的学者对其取舍不一。本书将组织情境的构成要素整理如表 6-1 所示。

表 6-1　组织情境要素综述归纳

组织情境要素	组织结构（组织集权化、组织正规化），企业文化（愿景与目标、组织支持、激励、行为准则）；组织资源	Xu J.（2011）[1]
	组织文化（领导支持、组织激励）和组织结构（集权化和正规化）	周国华等（2014）[2]
	组织结构、企业文化	Sabri（2005）[3]
	社会网络、绩效奖励系统、IT 技术的使用	Kim 和 Lee（2006）
	领导支持、资源保障	Choo 等（2007）[4]
	激励性报酬	Lahti 和 Beyerlein（2003）
	组织文化、组织系统	Jensen R.等（2004）[5]

（二）组织情境因素对管理理论向实践转化过程的影响分析

从管理实践角度看，管理理论向实践转化过程中会受到方方面面的影响，如管理人员动机、素养和偏好等。企业面临的内外组织情境也是影响管理理论向实践转化的重要因素。当管理理论向实践转化时，可以将企业或公司等看作理论的接收方。组织情境因素其实就是指接收方的内在组织特征，即当前企业的内部状况，如企业文化、组织结构等。不确定性的经营环境和

①④ Choo A. S., Linderman K., Schroeder R. G. Method and Context Perspectives on Learning and Knowledge Creation in Quality Management [J]. Journal of Operation Management, 2007, 25（4）: 918-931.

② 周国华，马丹，徐进，任际范. 组织情境对项目成员知识共享意愿的影响研究[J]. 管理评论，2014（5）: 61-70.

③ Sabri H. Knowledge Management in Its Context: Adapting Structure to a Knowledge Creating Culture [J]. International Journal of Commerce and Management, 2005, 15（2）: 113-128.

⑤ Jensen R., Szulanski G. Stickiness and the Adaptation of Organizational Practices in Cross-border Knowledge Transfers [J]. Journal of International Business Studies, 2004, 35（6）: 508-523.

复杂的组织情境很可能影响某种管理理念或管理知识在实践转化和应用过程中的理解、认同和执行，而一旦这种理解、认同和执行与该管理理念知识的原初设计发生"错位"，则必然影响其效果，甚至造成新的"管理障碍"，从而会对管理理论向实践转化产生影响，最终导致管理理论与实践的脱节。

因此，管理理论向实践转化的过程中，企业作为理论的接收者，必然要根据"自身情况"进行"对症下药"，对管理理论进行选择和变通，才能发挥出理论的作用，提高企业的绩效。

管理学大师彼得·德鲁克提出的目标管理理论与方法，作为对管理的理性目标与组织人际关系整合的一种模式，被认为是注重管理行为结果的高效企业经营和管理的解决方案，成为企业和政府部门广泛使用的管理思想与工具。但目标管理理论的应用也给企业带来了各种各样的问题，不过这并不是由目标管理理论本身造成的，而是企业在应用中忽略了组织情境中的各种因素。本书正是从目标管理理论转化的效能入手来例证组织情境因素会对管理理论向实践转化的过程产生影响。

二、场域情境对管理知识转化影响的实证案例

虽然目标管理理论应用广泛，但是学术界和实业界对目标管理的批评也一直没有停止过。一些学者认为目标管理只不过是一种更为细分的个人业绩评价工具；一些经理认为目标管理只对一些受过良好训练的专业人士起作用，而对非专业人士或文化基础较低的员工效用较差；一些人批评目标管理造成了对个人利害目标的过度关注，带来短期效率，损害了员工关系，并最终损害了组织的长期目标和整体利益。造成上述目标管理实施效果的因素是多方面的，其中，组织情境因素有可能是主要因素之一，经营环境的复杂性可能是目标管理理念实践失效或目标管理知识异化使用的重要因素之一。

（一）问题与假设的提出

笔者通过实践观察和访谈，以筛选归纳的方式确定了本研究的组织情境要素，并最终将目标管理理论实施的影响因素汇总为组织结构（权力分配、规范化）、企业文化（团队合作、能力发展、创新意识、组织学习）、组织激励（激励机制、领导支持）三个方面。基于此，我们要考虑组织结构、企业文化、组织激励三个方面对目标管理到底有何影响。

从知识的实践转化来说，目标管理实践应用从流程和方法来看已经是比较成熟的操作体系，要考察目标管理理论能否发挥实践效用，就应当把握目标管理理念在企业中从设立到实施落地的关键环节。由此，笔者选取了目标管理设立、目标管理认同、目标管理实施三个关键节点变量，作为考察目标管理理论实践应用的因变量。

笔者从组织结构、企业文化、组织激励三个方面提出了相关假设，具体假设如表 6-2 所示，这些假设的检验将能够帮助我们发现场域情境要素对管理研究成果转化的影响。

表 6-2　研究的基本假设

编号	研究假设
H1	偏向于分权的组织结构与目标管理理论在企业中实施呈正相关关系
H1a	偏向于分权的组织结构与目标理论的认知呈正相关关系
H1b	偏向于分权的组织结构与目标的设立呈正相关关系
H1c	偏向于分权的组织结构与目标的认同呈正相关关系
H1d	偏向于分权的组织结构与目标的落地实施呈正相关关系
H2	组织结构的规范化与目标管理在企业中实施呈正相关关系
H2a	组织结构的规范化与目标理论的认知呈正相关关系
H2b	组织结构的规范化与目标的设立呈正相关关系
H2c	组织结构的规范化与目标的认同呈正相关关系
H2d	组织结构的规范化与目标的落地实施呈正相关关系
H3	企业文化的投入特质与目标管理理论在企业中实施呈正相关关系
H3a	企业文化的投入特质与目标理论的认知呈正相关关系
H3b	企业文化的投入特质与目标的设立呈正相关关系
H3c	企业文化的投入特质与目标的认同呈正相关关系
H3d	企业文化的投入特质与目标的落地实施呈正相关关系
H4	企业文化的适应性特质与目标管理理论在企业中实施呈正相关关系
H4a	企业文化的适应性特质与目标理论的认知呈正相关关系
H4b	企业文化的适应性特质与目标的设立呈正相关关系
H4c	企业文化的适应性特质与目标的认同呈正相关关系

编号	研究假设
H4d	企业文化的适应性特质与目标的落地实施呈正相关关系
H5	完善的激励机制与目标管理理论在企业中实施呈正相关关系
H5a	完善的激励机制与目标理论的认知呈正相关关系
H5b	完善的激励机制与目标的设立呈正相关关系
H5c	完善的激励机制与目标的认同呈正相关关系
H5d	完善的激励机制与目标的落地实施呈正相关关系
H6	领导支持与目标管理理论在企业中实施呈正相关关系
H6a	领导支持与目标理论的认知呈正相关关系
H6b	领导支持与目标的设立呈正相关关系
H6c	领导支持与目标的认同呈正相关关系
H6d	领导支持与目标的落地实施呈正相关关系

根据假设可以构建出本书的研究模型（见图6-4）。

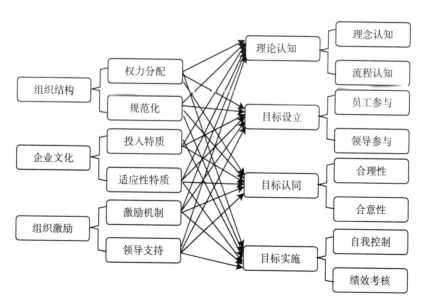

图6-4 目标管理理论实施的组织情境影响因素模型

（二）问卷设计与数据收集

根据上述理论分析、前期访谈，引入相关变量的国内外较为成熟的测量量表，经反复推敲修改，提炼设计了包含三个部分 48 个问题的调查问卷。第一部分为测量员工对其所在公司的组织情境方面的评价；第二部分为目标管理理论在企业中实施的量表研究；第三部分主要测量人员的个体特征与企业特征等背景变量。调查对象主要以公司营销部门和生产部门的员工为主，其他相关职能部门为辅。本次调查共发放调查问卷 300 份，回收 266 份，无效问卷 27 份，有效问卷 239 份，问卷回收率为 89%，有效问卷回收率为 80%，符合问卷分析的样本数据要求。通过对回收的问卷进行整理，得出：

（1）在所选取的样本中，营销类部门、生产类部门和采购类部门员工人数占总样本的 61%，基本符合研究的界定范围。

（2）在公司职位中，基层员工和基层管理者占样本的 88%；工作年限集中在 6 年以内的占样本的 77%；年龄大多集中在 20~30 岁，占样本的 75%。由此可以看出，基层员工和基层管理者大多集中在 20~30 岁，工作年限大多在 6 年之内。

（3）本科及以上学历占 67%，专科及以下学历占 33%。

（4）企业的产权形式以民营企业为主，占总样本的 51%，其次为国有企业，占样本的 31%。

（三）统计分析和检验过程

1. 信效度分析和因子分析

在组织情境量表中，样本的总体指标 Cronbach's α 系数为 0.928，说明组织情境量表内部信度较好，符合检验的要求；在目标管理理论实施量表中，样本的总体指标 Cronbach's α 系数为 0.932，说明获得性量表具有很好的内部一致性，符合检验的要求。在效度方面，组织情境要素和目标管理实施要素的 KMO 值分别为 0.895 和 0.912，并达到显著性水平，说明非常适合做因子分析；同时，巴特利球形检验显著性水平为 0.000，拒绝原矩阵为单位矩阵的原假设，表明本量表适合做因子分析。在因子方差贡献率中，组织情境提取出来的 6 个因子的方差贡献率为 67.22%，目标管理理论提取出来的 3 个因子的方差贡献率为 60.94%，都能较好地解释原始变量，说明整个量表的构念结构与本研究的研究模型具有较好的一致性，量表的结构效度较为可靠。

2. 相关分析

对组织情境的 6 个维度和目标管理实施的 3 个维度进行分析，得出目标理论认知与权力分配在 0.01 的水平上显著，与适应性特质、投入性特质、规范化、激励机制、领导支持在 0.05 的水平上显著。目标设立与适应性特质、投入性特质、规范化、激励机制、领导支持在 0.01 的水平上显著相关，与权力分配在 0.1 的水平上显著相关。目标认同与适应性特质、投入性特质和激励机制在 0.01 的水平上显著相关。目标实施与适应性特质、投入性特质和领导支持在 0.01 的水平上显著相关，与规范化和激励机制在 0.1 的水平上显著相关。

3. 回归分析

对各个因变量与自变量进行回归分析，表 6-3 中给出了各个模型的回归系数、回归系数标准差、标准化的回归系数值以及各个回归系数的显著性 t 检验。

表 6-3　回归分析

| 模型 | 变量 | | 非标准化系数 | | t | Sig. | 共线性统计量 | | 模型参数 | |
	因变量	自变量	Beta	S. D.			容差	VIF	Ad R^2	F
模型 1	目标理论认知	适应性特质	0.094*	0.060	1.789	0.073	1	1	0.140	7.448 0.000
		投入性特质	0.113*	0.060	1.874	0.062	1	1		
		规范化	0.185***	0.060	3.082	0.002	1	1		
		激励机制	0.169***	0.060	2.813	0.005	1	1		
		领导支持	0.132**	0.060	2.199	0.029	1	1		
		权力分配	0.248***	0.060	4.123	0.000	1	1		
模型 2	目标设立	适应性特质	0.217***	0.055	3.919	0.000	1	1	0.270	15.688 0.000
		投入性特质	0.242***	0.055	4.375	0.000	1	1		
		规范化	0.273***	0.055	4.939	0.000	1	1		
		激励机制	-0.025	0.055	-0.460	0.646	1	1		

续表

模型	变量		非标准化系数		t	Sig.	共线性统计量		模型参数	
	因变量	自变量	Beta	S. D.			容差	VIF	Ad R²	F
模型2	目标设立	领导支持	0.306***	0.055	5.525	0.000	1	1	0.270	15.688 0.000
		权力分配	0.118**	0.055	2.122	0.035	1	1		
模型3	目标认同	适应性特质	0.209***	0.050	4.148	0.000	1	1	0.396	26.957 0.000
		投入性特质	0.159***	0.050	3.158	0.002	1	1		
		规范化	0.094*	0.050	1.874	0.062	1	1		
		激励机制	0.575***	0.050	11.408	0.000	1	1		
		领导支持	−0.035	0.050	−0.700	0.485	1	1		
		权力分配	0.032	0.050	0.639	0.524	1	1		
模型4	目标实施	适应性特质	0.216***	0.059	3.655	0.000	1	1	0.171	9.201 0.000
		投入性特质	0.302***	0.059	5.123	0.000	1	1		
		规范化	0.110*	0.059	1.867	0.063	1	1		
		激励机制	0.112*	0.059	1.846	0.066	1	1		
		领导支持	0.194***	0.059	3.282	0.001	1	1		
		权力分配	0.019	0.059	0.321	0.748	1	1		

注：*** 表示在 0.01 的水平上显著；** 表示在 0.05 的水平上显著；* 表示在 0.1 的水平上显著。

模型 1 的回归方程的 F 值在 0.01 的水平上显著，说明回归显著。其中，规范化、激励机制和权力分配在 0.01 的水平上显著，系数分别为 0.185、0.169、0.248；领导支持在 0.05 的水平上显著，系数为 0.132；适应性特质和投入性特质在 0.1 的水平上显著，系数分别为 0.094、0.113。说明理论认知与 6 个因子均显著正相关，因此，H1a、H2a、H3a、H4a、H5a、H6a 均得到支持。

模型 2 的回归方程的 F 值在 0.01 的水平上显著，说明回归显著。其中，适应性特质、投入性特质、规范化、领导支持、权力分配与目标设立在 0.05 的水平上显著相关，并且系数分别为 0.217、0.242、0.273、0.302、0.118，说明适应性特质、投入性特质、规范化、领导支持与目标设立呈显著正相关。[①]因此，H1b、H2b、H3b、H4b、H6b 得到支持，H5b 遭到拒绝。

H5b 遭到拒绝的原因可能是，在目标设立的过程中更多地需要领导的引导、权力的下放，更多地突出交流的作用，人们更多地在乎目标设立是否能够按规定完成，而会忽略组织的奖励，因此组织激励在此假设中被拒绝。

模型 3 的回归方程的 F 值在 0.01 的水平上显著，说明回归显著。其中，适应性特质、投入性特质、组织激励在 0.01 的水平上与目标认同呈显著正相关，系数分别为 0.209、0.159、0.575；规范化在 0.1 的水平上与目标认同呈显著正相关，系数为 0.094。因此，H2c、H3c、H4c、H5c 得到支持，H1c、H6c 遭到拒绝。

H1c、H6c 遭到拒绝的原因可能是，在目标认同的阶段，员工更加考虑目标的合理性和合意性，因此，这时员工更多地思考完成工作后的奖励情况和怎样能更好地完成工作，所以这时权力分配和领导支持左右不了员工内心的想法，因而 H1c、H6c 遭到拒绝。

模型 4 的回归方程的 F 值在 0.01 的水平上显著，说明回归显著。其中，适应性特质、投入性特质和领导支持在 0.01 的水平上与目标实施呈显著正相关，系数分别为 0.216、0.302、0.194；规范化和激励机制在 0.1 的水平上与目标实施呈正相关关系，系数分别为 0.110、0.112。因此，H2d、H3d、H4d、H5d、H6d 得到支持，H1d 遭到拒绝。

H1d 遭到拒绝的原因可能是，本研究所选取的样本侧重于销售和生产，这就导致员工必须按照每天的任务流程和操作说明按部就班地完成工作。我们可以看出员工在自我控制的同时，更加需要企业各项政策的规范化去约束员工完成任务。

(四) 研究讨论与结论

结合研究设计和相关理论对研究结果做进一步的理论研讨。

1. 组织结构情境对目标管理理念实施的影响

组织结构对组织成长而言主要是一种稳定、有序、分工、协同、资源/权力分配的制度安排，是任何组织存在和发展的功能平台，不同的组织结构

[①] 在这一模型中，适应性特质、投入性特质、规范化、领导支持与目标设立的回归检验都在 0.01 的水平上显著，而权力分配则是在 0.05 的显著水平上有效，均符合统计检验的显著性水平。

对组织的活动和组织成员的影响力是不一样的。就组织权力分配和组织规范化而言，前者通常是约束、执行和激励作用并存，指向组织决策、动员和行动；后者主要是一种组织规训和行动模式化的规制载体。从权力作为一种依赖性的函数来看，在复杂和重大的组织活动中，权力显示其影响力的阶段主要在决策、计划、评价阶段，而非在组织、执行阶段，后者主要依赖组织的规范化（制度、岗位、职责、流程等）来保障，除非有例外情形和重大事项发生。就本研究而言，目标管理理念的实施作为公司一项涉及组织和个人利益的重大管理或组织变革活动，尤其强调权力下放和民主参与，那么如何动员员工参与，提高其对目标管理的认同感，增强其协同实施的意愿，要比具体实施更加重要。相关和回归检验证实了组织权力分配情境在目标设立和目标认同阶段的影响力是明显的，而在具体实施阶段，从调研访谈反馈来看，组织权力的影响实际上转为了组织的规范化约束和员工自我管理的自觉，因而，统计检验不显著。另外，从研究设计、实证检验来看，组织规范化对目标管理理念实践应用的各阶段都有着明显的影响，证实了组织规范化可以明显减少员工和组织的不确定性，使目标管理这样一项重大利益关切的管理事项和管理行为有一个从上到下和从下到上的可资信赖、可资接受的结构化、经验化的稳定载体，由此，目标管理在组织中变得更加可执行和可管理。

2. 企业文化情境对目标管理理念实施的影响

从统计检验结果来看，企业文化情境与目标管理理念实施的关系是三个情境变量中最为紧密的。其三组 6 对子假设全部获得验证通过。而从我们的访谈记录整理来看，受访经理人谈论目标管理实践时涉及企业文化方面的词汇也是最多的，说明企业文化是影响目标管理实践落地的主要变量，是这三个因素中最重要的。从理论解释来说，目标管理理论实际上蕴含着深刻的"组织文化哲学"，即民主与合作的工作关系、积极主动的自我实现精神、自动自发的行动风格，一个组织如果不能塑造和接近这种组织文化特征，目标管理理念的变革必然容易出现"目标指标化，管理控制化"，从而走向目标管理的反面。企业文化的适应性特质和投入性特质对目标管理理念实践的三个阶段都有显著性影响，说明组织文化一直保持对目标管理体系的开放性和有为性的重要作用。根据 Cameron 和 Quinn 提出的文化变革理论，现状文化和目标文化之间的一致性越高、融合适应性越强，则企业文化越容易适应内外部环境，取得良好的业绩。[①] 企业文化情境要素对三阶段的影响也印证了文化对组织活动的渗透性和持久性，它不仅影响目标管理的初始决策和分解，也影响着目标管理的过程和绩效。

3. 组织激励氛围对目标管理理念实施的影响

激励一直是组织研究中的核心主题之一，在目标管理中，目标自身的激励、目标结果的制度性激励、目标结果的精神激励，都应当是目标管理理念落地实施的非常重要的因素。从理论推理来看，它的重要性应当超越组织情境和文化情境对目标管理实施的影响。然而，从本研究实证检验的结果来看，激励恰恰是这三个变量维度中最弱的。笔者分析其原因可能包括：其一，自我管理是目标管理理念的四大支柱之一，它是相对独立于组织激励氛围的一种自我激励，这种自我激励效应对目标管理实施和实施效果的影响要超越组织激励带来的影响，而本研究关注的是"组织激励"氛围，没有将自我激励纳入激励变量，使得激励检验效果不如预期明显。其二，目标管理特别强调团队合作和民主参与，而本研究为了减少变量之间的多重共线性，将团队合作的氛围列入文化情境当中加以研究，这样就相对弱化了组织激励考察的变量选择范围，使其重要性相对降低。进一步，就组织激励氛围在各阶段的影响来看，在目标设立阶段，"领导关怀"带来的目标认知、目标管理理念动员效应明显，而在员工看来，激励机制此时尚难以和目标管理理念发生直接的对应关系，这可以解释为什么激励机制与目标设立之间无统计显著性回归；在目标认同与组织激励的关系中，员工是否接受目标更重要的是找到组织目标与个人利益之间的紧密关系，成为目标的核心"利益相关者"，而激励机制应当是组织目标与个人利益关联的"转换器"，在这一阶段笔者发现，目标认同和激励机制的回归系数达到最高，并且是所有变量中维度最高的；在目标管理的落地实施阶段，激励机制的显现和领导的心理支持、关键示范、资源支持，都是目标管理过程中尤其是克服任务"高原期"非常重要的影响因素，本研究通过实证检验的显著性为这一观点的解释提供了数据支持。

① Cameron K. S., Quinn R. E. Diagnosing and Changing Organizational Culture: Based on the Competing Values Framework ［M］. MA: Addison-Wesley, 1999: 86-118.

· 139 ·

此处探讨了多个情境因素构成的组织情境要素对目标管理理念在企业中实施过程的影响。通过实证数据对假设的检验和回归分析，可以得出以下结论：

（1）组织情境要素是目标管理理念在企业中实践实施的主要影响变量之一，它们在目标管理实践应用的各个阶段都有重要的影响。

（2）在目标管理实践应用的不同阶段，组织情境要素的影响力是不一样的。其一，在目标管理实践应用的三个阶段变量中，组织情境要素对目标认同的影响值最大、最为显著，而目标认同又是目标管理实践中承上启下的关键环节，涉及员工对企业目标管理的心理认同、契约承诺和员工士气。因此，营造良好的组织情境对目标管理的员工认同至关重要。其二，组织结构情境对目标设立的影响力要明显高于其他两个目标管理变量的影响力。结构情境中的权力分配要素和组织激励要素并不像管理者的经验所证实或推论的那样，对员工执行任务目标的执行力、执行质量影响非常大，在"目标认同"和"目标实施"因变量中，它们的影响力各有其无法发挥作用或不能起关键作用的情形。这说明迷恋权力万能或崇信激励万能，都应值得反思。

（3）组织文化情境要素对目标管理理念实践应用的影响力非常全面和明显。本研究实证结果显示，组织文化情境要素的二因子在目标管理理念实践应用各关键变量中都有统计显著性的影响，可以说是左右目标管理实践最重要的情境变量。

（五）本研究对管理研究实践转化问题的启示

从上述统计检验的结果来看，本研究所提出的六个研究假设基本都得到了研究数据的支持，说明组织情境是影响目标管理理念实践应用的不可忽视的因素。当然，三种情境因素对目标管理实践过程的影响力和影响方式不一，一些组织情境的具体因素，如组织结构的权力分配因素、组织激励情境因素在目标管理实践中的影响还存在统计不显著，即假设被拒绝的情形，值得进一步探究。尽管如此，该实证研究还是对管理研究实践转化问题具有一定的启示。

（1）管理研究向实践转化迁移必须把组织情境结构视为判断该研究是否适合应用或如何应用的关键条件。从管理实践角度来说，许多企业或管理咨询者没有审慎考虑企业的组织情境（管理情境、经营情境）而盲目追求时髦的管理知识或方法，追求创新或前沿，不仅不能使业绩快速增长，反而会使企业陷入动荡的管理乱象中。企业界出现多年的"学 ERP 热，上 ERP 死"的现象不能不引人深思。

（2）管理研究成果的实践转化一定要将理念"关键要素"与情境要素"改造"有机地结合起来，才能不至于堕入油水不相容的尴尬境地。在目标管理理念实践应用与组织情境关系的实证研究中，笔者发现"目标认同"受组织情境要素影响是最明显的，几乎所有被测试的情境因子与目标认同之间均有回归效应，是三个因变量中最高的。而目标认同在目标管理思想中主要涉及员工协商参与、自我管理两大目标管理要素，如果组织的文化情境、组织的资源和权力结构、激励制度等不能使员工相信或产生协商参与、员工建言和自主管理行为，那么目标管理理念就不可能按照该理论构想落地，就必然会产生理论的"异化"应用。许多企业把目标管理变成"任务管理"和"指标摊派"，实际上就是抽掉了"协商参与"和"自我管理"（授权）的目标认同要素，最终使目标管理既伤害了员工也伤害了公司自身。

（3）组织情境要素在管理理念实践转化中的影响力存在差异，有些差异与我们的常识和经验判断有较大差别，必须科学和客观地分析。以本研究涉及的目标管理实践应用为例，通过实证调查发现"企业文化情境"是目标管理实践各关键环节中有统计显著性影响的情境变量，它的总体影响力要明显超出组织结构情境和激励情境，这一点与我们通常认知的权力结构、激励要素对目标管理实践的影响要强于企业文化情境的经验判断是相反的或相当不同的。

第七章　增强管理研究与实践互动关系的对策建议

尽管管理研究场域与实践场域两者存在结构性差异，必然影响到管理研究成果向实践转化的效能，两者之间的互动关系存在较为深层的结构性障碍，但是作为管理学科而言，实践性就是其生命，同样对于管理者而言，管理思想就是其进步的源泉。从学科属性和实践需求来说，增强两者的互动关系及其效果存在迫切性。基于前文的分析论述，本章从增强场域对接的可能性、行动科学的介入以及效能评价等角度提出增强二者关系的对策建议。

第一节　增强管理研究场域的实践感

一、增强管理研究场域与实践场域的对接

（一）塑造管理研究场域与实践场域的自主性是场域对接的前提

在场域的发展过程中，分化与自主化的过程是不断进行的，一个场域自主性越强，就越能够加强自身特有的逻辑。首先，在加强管理研究场域的自主性上，面对当前管理研究与实践的脱节，在转化中应该秉持"多方参与，有效沟通"的方针，促进管理研究主体的觉醒和集体反思，加强管理研究场域的自主性，提高知识生产的效率。在管理知识的生产上，多渠道引进经济资本——基金出资人，将场域中原有的出资人由单一的政府转变为政府、实践主体两者都参与，即管理知识的生产在学术性与实践性上并重，在权力场域的博弈中，管理研究场域在管理研究生产上的自主性有望得到加强。

其次，在塑造实践场域的自主性上，权力场域中的各种制度和机构支配着实践主体，因而，在场域结构压力与场域结构调整阻力方面，就需要加强实践场域的自主性——市场资源配置的主体性和"创造性破坏氛围"的形成，夯实基础后进行场域对接。构建一个相对权力场域来说自主的实践场域，是规避风险的最佳选择，场域自身具有的调节能力可以将经济风险、社会风险消散于实践场域之中。

（二）增强和创新研究场域与实践场域的对接机制

场域之间保持一定距离是合理的，可以保持场域的相对独立性，但距离亦可能成为场域之间信息畅通的"防火墙"，这时合理的对接机制或制度就变得极为重要。

前已述及，管理研究成果不接地气，研究与实践脱节现象的出现，可归结为主体特征和主体惯习差异大、场域结构特征不同、沟通障碍、语言逻辑不同等。要减少彼此之间的差异，让管理知识和实践能够对接起来，就需要一种或多种管理研究场域与实践场域的对接平台或机制。

第一，要完善和增强现有的管理研究与实践场域的对接机制，使管理知识的生产与管理实践之间切实有效地对接起来。

就总体情况而言，当前管理理论的研究主体绝大部分停留在研究场域圈子内，要么通过精妙的数理工具或计量模型生产管理知识，要么通过实证计量或实验分析获得管理研究成果，要么通过（二手）案例、访谈或者理论推导得到管理知识，这基本上是当前管理研究主体的"知识生产惯习"，而参与场景性的管理实践，特别是通过与管理实践者"持续性"共同工作来获得一手资料，或者在实践中提炼研究问题，这方面基本上属于空白，或者属于"业余爱好"的范畴。

不过，我们仍然不能否定当前的管理研究和管理实践两个场域存在一些对接机制或平台，如企业的（高级）管理顾问、参与管理咨询（培训）公司、经理人专业学习机制（如 MBA、EDP、非学历管理专业训练班等）。通过这些机制或平台，管理研究主体与实践主体能够或深或浅、或长或短地进行场域对接。当然对接的效果可能差异非常大，这既取决于管理研究者，即研究主体能否有意愿或有能量将"学术管理知识"转化为"实践管理知识"，其自身被形塑的管理研究惯习是否对实践有足够的弹性，也取决于实践主体对新管理知识学习和引入的意愿与能量，特别是克服企业与自身固有的组织惯性和行为惯习的决心与行动。例如，许多研究者的心智模式基本习惯于使用学术术语与论述逻辑来发现和解释实践问题，"无法将研究与企业紧密结合在一起……将研究深入到与企业共同成长的全过程中去"①，这导致他们将现象和问题做学术抽象后，难以转化为实践的可读性、可用性。这种研究惯习和研究心路，与企业家和经理人每天都在直面管理问题、快速判断、直接解决问题的心智与行为惯习有明显的"温度差"。如果双方的行为惯习调整弹性都不足，那么对接的结果就可想而知。管理研究主体和管理实践主体双方说不到一起，场域惯习难以通约是一个很大的障碍。因此，在管理理论实践转化的现有机制和平台中，主动改变彼此的惯习，相互适应对方的惯习，是增强管理研究场域与实践场域对接机制的有效路径。

从一些具体的做法来说，现有的管理咨询机构在转化中发挥了良好的对接作用，这里主要说的是专家教授这类主体，现有的一些研究机构仍然是面向管理研究场域，对实践的关注远远不够。要改善脱节，加强实践导向，研究机构应该立足高校，全方位地面向实践场域，摆脱现有量化评价制度的制约，积极对接实践场域。大中型企业可以建立知识管理的部门和首席知识官（Chief Knowledge Officer，CKO）或首席学习官（Chief Learning Officer，CLO），现阶段，我国企业普遍没有这种专业性机构和职位。管理研究向实践转化最终的落地实施，是靠人力资源管理优化、营销和生产效率提升、流程优化等制度策略来提升运行效率，开源节流，最终提高企业利润。而这需要人力资源部、销售部、生产部、财务部等多部门联合推进，以及专门的部门和职权来统筹，这样管理研究才能被整合、内化、吸收。

第二，创建和创新管理研究场域与实践场域的对接机制，使两个场域能够达到"知行合一"。

回顾管理学理论发展的历史轨迹，我们看到这一学科在兴起阶段，管理研究成果的产生始终是与实践场域紧密相连的。管理研究主体似乎没有独立分割的研究场域，他们是在实践场域——其自身就是实践场域的实践主

---

① 陈春花. 管理科学研究与实践距离有多远［EB/OL］. 哈佛商业评论，http://www.hbrchina.org/2017-08-29/5440.html，2017-08.

体——工作、思考、探索、改进或创新。这一点从泰勒与科学管理理论的产生、法约尔与职能组织理论的提出、梅奥与人际关系管理学说的创立、德鲁克与目标管理理论的产生等可以看出。这些管理学大师理论主张的思想性、科学逻辑性毋庸置疑，其理论知识的实践价值与效果也是广为认可的。从其理论发展的轨迹来看，他们坚持"知行合一"的场域融合方式，甚至是在实践场域长期工作后，克服实践场域所形成的工作惯习，并将实践经验知识导入学术场域，创生了基于实践而又高于实践、高于实践但又可融通实践的管理理论。

由此看来，管理学界和实业界有必要探索发展"知行合一的实学共同体"平台，在学术场域接受学科训练的研究主体有必要接受系统、连续并深度嵌入的管理实践的历练，就像这些管理学宗师一样，在市场竞争、资源约束、组织形塑和关系网络中，将一切管理所学在实践中磨炼一遍，并由此自然创生"管理新知"。

反之，在管理实践场域中长期摸爬滚打的企业家和高级经理人，也应当接受科学的训练，并学会科学的工具，使其从实践中提出的管理主张、管理经验能够成为可验证、可复制、具有科学成熟性的管理理论或管理思想。

要将这二者统一，我们认为从政府、到高校、再到企业应当规划和推动建立若干"知行合一的实学共同体"，在这个共同体中应当有研究者、实践者，并且二者只有最初场域出身的不同，而不应再有角色的分别。政府的基金、高校的人才管理、企业的组织体制，应当鼓励和推动这种实学共同体的建立，并对这类共同体进行第三方的考核、评价。

如果这一平台机制创建在短期内有难度，那么至少应当创新现有的产学研联盟机制。产学研的整个过程涵盖了管理研究向实践转化的生产、传播、整合转化三大阶段。现阶段，产学研主要应用在技术领域，但其实管理研究成果也是一种生产力。产学研合作是管理研究主体与实践主体之间优势互补、资源共享的"双赢"行为，可以促进管理研究场域和实践场域中各类主体的合作和各种资本的整合。创新产学研联盟，需要创新企业对管理研究的需求导向和互动机制，创新管理研究主体对企业的服务和支持机制，鼓励企业研究院和高校、研究所在更大范围内、更长的时间维度上共同承担管理研究课题（需要资金政策的引导），这些机制构成了管理研究场域与实践场域直接对接的一套完整的研究向实践转化链条。

二、转化中管理研究场域与实践场域之间的互动闭环

促进管理知识从管理研究场域向实践场域的有效转化迫切需要有效的互动机制，通过高效互动、有效反馈、频繁交流等可以有效缓解甚至解决上述问题。有效的互动机制需要以下几个要素：管理研究主体和管理实践主体共同关注的问题是基础；管理研究主体和管理实践主体共同理解的语言；互有回报的转换；有效的正向转化与反向反馈。频繁、有效的互动机制使上述对接机制的效用得以充分发挥，有效促进管理研究向实践转化。

如果把管理研究向实践转化看作技艺，那么管理研究主体与实践主体之间是以直接的、频繁的、稳定有效的互动为基础的，通过实践上可行的转化机制，奠定管理研究场域与实践场域之间的传递基础。有效的沟通与交流是管理研究向实践转化的基础条件，由此，管理研究才得以生产、传播、整合、内化。两个主体之间的有效互动是场域之间沟通的表现形式，互动机制是在两个主体之间建立相互之间高效的联系和路径，至于具体方式可以多样化，可以通过建立有效的渠道、平台、机构等实现。

首先，教育特别是（E）MBA教育是管理研究与实践之间有效交流的重要渠道，（E）MBA教育初步完成了学术研究和管理实践之间语言的互通性，促进了对彼此惯习的相互理解。（E）MBA迫切需要变革的地方如下：一方面，（E）MBA应宣扬先进管理研究、思想、理念，以提升实践主体认识和分析问题的境界；另一方面，应使实践主体将实践困惑、管理研究的应用反馈共享到管理研究场域。管理研究主体与实践主体的文化资本的互换往往带来二者文化资本的加倍增值。商学院的学生源源不断地进入实践场域，但是这仅仅是将所学的基础管理理论与实践结合的过程，几乎不存在相向的交流，所以不是本书的主要讨论对象。

其次，构建研究主体与实践主体有效互动的平台，建立有效互动的长效机制，打破学术界与实践界的人才流动壁垒，强化企业界与学术界的人才流动。对于权力场域的主体政府来说，一方面，政府鼓励管理研究主体与实践主体之间的流动。应建立针对管理研究主体创业的资助机制和支持政策，甚至是融资支持，鼓励其学以致用，投身实践。另一方面，鼓励实践主体投身

研究，将其实践中积累的经济资本、文化资本、社会资本引入管理研究场域，活跃管理研究场域，但是现有的量化评价制度也将不再适用，毕竟实践主体的理论水平距离评价标准还是有一定差距的。

最后，在语言上，两个主体应该联合设计双方共同接受的管理语言，既能使管理研究主体感知实践并准确表达研究成果，又能使实践主体把握概念、领会研究主体的逻辑分析。席酉民等（2008）提出的和谐管理作为研究者与实践者之间的对话语言不失为一种选择，即使未能创立这样一种语言，两个主体也应该时刻警醒这种主体或者场域之间存在的语言差异，在整个转化过程中对语言进行反思。①

第二节　行动科学在管理知识迁移过程的嵌入

行动科学是一门研究人类行为理论的学科，旨在挖掘行动主体行动背后的使用理论，并将其与主体的信奉理论进行比较，从而判别问题产生的根源并寻求解决之道。管理研究者和管理实践者均可看作行动主体，而管理知识的产生和应用也都受到行动主体行为的影响。本研究引入行动科学理论，从管理研究者与管理实践者的行为方式方面探究管理研究与实践脱节的原因，以期从另一个角度寻求解决该问题的途径。

一、行动科学相关理论概述

（一）信奉理论和使用理论

Argyris（2012）提出了两种行动理论，即信奉理论和使用理论。信奉理论是指一个人认为自己所遵循的理论。使用理论是指一个人在行动时真正遵循的理论，这种理论是可以通过此人的行为推导出来的。② Argyris（2012）

① 席酉民，肖宏文，郎淳刚. 管理学术与实践隔阂：和谐管理的桥梁作用 ［J］. 管理科学学报，2008，11（2）：1-11.
② 克里斯·阿吉里斯. 行动科学——探究与介入的概念、方法与技能 ［M］. 北京：教育科学出版社，2012：59.

指出，一个人的使用理论必定与其行动相一致，但不一定与其信奉理论相一致，而且大多情况下人们意识不到这两种理论的不一致。[①] 而这种不一致通常可以归因于隐性知识。正因为隐性知识那种只可意会不可言传的特性，导致人们很多时候的行动都是熟练而不自觉的，进而会造成行为者忽略了对其行动背后的指导原则的探询。

Schön（1978）也认为，隐性知识深埋在人们判断的能力以及技巧性的行动中。人们只有将隐埋在行动中的隐性知识揭示出来，才能得知是什么阻碍了事情的进展以及如何才能采取与先前不同的行为以改变现状。但个人的行为方式是经过多年的训练形成的，而隐性知识又难以表述，想要改变是非常困难的。因此，重新构建使用理论模型，揭示组织成员是以何种推理为基础来行动的就显得尤为重要（见图7-1）。

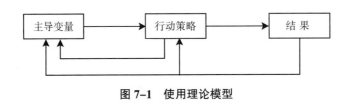

图7-1　使用理论模型

使用理论包括主导变量和行动策略。其中，主导变量可以理解为一个人所追求的价值观，它们指导着人们的行为方式。人们通常是处于一个多变量共同作用的场域中。在这个场域中，必然有一些变量起主导作用，而另一些变量的作用处于次要地位。行动策略是人们在特定情境中基于主导变量采取的所有行动。行为之后必然会产生结果，结果又会反馈给行动策略和主导变量。这些结果可能与之前行动者的预期相一致，也有可能达不到之前的预期。

如果与预期的结果相一致，则证明了使用理论的正确性；如果不一致，则行动者就会试图改变使用理论模型中的其中一个元素去纠正行为。针对这一问题，Argyris和Schön（1978）又提出了两种学习方式。

---

① 克里斯·阿吉里斯. 行动科学——探究与介入的概念、方法与技能 ［M］. 北京：教育科学出版社，2012：59.

（二）第Ⅰ型和第Ⅱ型使用理论[①]

1. 第Ⅰ型使用理论

第Ⅰ型使用理论的主导变量包括制定目标并尽量达成、一定要赢、压制消极的情绪和对理性的执着。其行动策略包括单方面地设计和控制环境与任务，以及单方面地保护自己和他人。这些主导变量和行动策略将会导致自我防御、单方面控制、自我封闭以及选择的不自由等结果，以至于降低解决问题的有效性。

在第Ⅰ型使用理论中，行动者很少与他人共同确定目标，而通常是单方面掌控局面。为了达到目标，行动者可能会不计代价。当行动中出现负面情绪时，通常会选择压制而不是公开地表达出来，因为他们认为那是弱者的表现。另外，保持客观清晰的头脑、理性处理所有事情也是行动者所具有的处事态度。他们总是试图说服其他人接受自己的观点，尽管知道他人可能不会喜欢。这样做的结果必然会激发组织中人员的防卫性。成员趋向于掩饰错误，尽量保护自己和他人的面子，甚至是故意隐瞒事实，自我欺骗，将错误都归咎于他人或环境。

2. 第Ⅱ型使用理论

与第Ⅰ型使用理论相反，第Ⅱ型使用理论的主导变量为保证信息的有效性、基于事实的自由选择以及对已做出的选择具有内在承诺并持续监督承诺。同样，与第Ⅰ型使用理论相反，第Ⅱ型使用理论的行动策略为与参与成员共同设计、共同成长以及共同掌握控制权。这些主导变量和行动策略导致的结果通常是对合作者的低防御性、自由的选择和高风险等，从而增加问题解决和决策制定的有效性。

在第Ⅱ型使用理论中，行动者能够提供或者创造使其他人直接观测到的数据，使其他人对行动者的行为进行合理的归因解释。行动者只有在明确自己能力的基础上确定自己的目标并知道如何达成，才能够进行自由的选择。由于选择是行动者自由做出的，因而行动者对这些选择就会具有内在承诺并监督自己持续执行，以便能及时纠错。行动者追求与所有参与者一起设计组

① 克里斯·阿吉里斯.行动科学——探究与介入的概念、方法与技能［M］.北京：教育科学出版社，2012：59.

织目标，并在遇到冲突时倾向于公开探讨批判，以寻求解决之道。这样的行为带来的结果便是相对开放的组织关系，降低防卫性，使成员间有更高程度的信任。

二、行动科学理论对管理研究向实践转化的价值

基于对管理理论与管理实践关系的探讨和对行动科学理论的学习，我们发现，管理理论与管理实践脱节的原因在一定程度上可以用信奉理论与使用理论的不一致来解释。从管理研究场域来看，管理研究主体的信奉理论通常是第Ⅱ型使用理论，既忠于科学又服务于实践。但由于现实中处于考评、晋升等的压力下，管理研究主体在其研究过程中的使用理论往往是单方面控制的、自我封闭的第Ⅰ型使用理论，这个过程没有实践主体的参与，而这必然会导致研究成果只能停留在第Ⅰ型使用理论的层面上，无法有效地指导管理实践，进而导致管理研究与实践的脱节。从实践场域来看，大部分实践主体对于管理研究知识持信奉态度，即他们认同管理研究知识的科学性，也愿意按照其指导思想进行实践。但当面对任务、绩效压力、利益冲突等问题或发生惯习、场域冲突时，实践主体仍无法摆脱第Ⅰ型使用理论的束缚，趋向于违背管理知识的指导思想，触发自我防卫机制，压制冲突、拒绝改变，从而导致管理研究成果无法有效地应用于实践，这也会导致管理研究与实践的脱节。

为了解决上述问题，本书认为管理研究主体与实践主体都应从各自的信奉理论和使用理论入手，反思二者之间的差异，将自己的使用理论从原来的第Ⅰ型转变为第Ⅱ型。就管理研究与管理实践互动而言，第Ⅱ型使用理论为管理研究主体与实践主体基于事实，共同参与设计管理研究过程、共同生产管理知识并共同将其应用到实践中。而要做到这一点，就需要管理研究主体与实践主体组建成一个参与式合作的共同体。本书把管理研究主体深入实践场域称为"参与式实践"，把实践主体深入管理研究场域称为"参与式学术"。二者都是主体之间进行对接的合作式研究，将处于两个场域中存在主体差异的管理研究者和实践者组成合作共同体。在这个共同体中，双方都要成为行动科学家。管理研究主体要有实践感，实践主体要有科学理论感，双方就某一复杂问题或现象共同生产管理知识并共同实践。在这个过程中，管

理研究主体与实践主体互相承诺、互相监督，共同面对惯习差异、场域结构冲突，力求将使用理论从第Ⅰ型转变为第Ⅱ型，使信奉理论与使用理论尽可能保持一致，共同寻找对接、解决的方法，从而增强管理研究成果的实践价值，促进其向实践的转化，从而提高研究成果的有效性。

参与式实践要求管理研究主体在参与实践的过程中，密切关注实践主体的需求，从实践场域的具体情况出发，将科学的知识转化为有实践应用价值的知识。这需要管理研究主体参与到具体的管理实践中，按照第Ⅱ型使用理论的要求，与实践主体一起制订研究计划，公开研究思路与研究过程，接受实践主体的监督与反馈，确保数据的真实性以及结论的准确性。同时，管理研究主体也要担负起变革代理人的角色，不仅深度参与到企业的实践活动中，也要具有一定的组织权力。只有这样，管理研究主体才能更深切地了解实践主体的真正诉求，从而更有针对性地提出相应的管理对策。

参与式学术要求实践主体将实践中的困惑、需求以及管理研究在应用过程中的问题及时有效地反馈到管理研究场域。参与式学术反馈的大量隐性知识是管理研究主体即使亲身实践也可能观察不到的，对于解决诸如脱节之类的转化问题意义重大。这就需要实践主体积极投身于管理研究中，降低防卫性，按照第Ⅱ型使用理论，与管理研究主体进行开诚布公的交谈，将过去对管理知识的使用方式予以剖析，与研究者共同找出问题所在及相应的解决办法。而在参与式学术的过程中，实践主体培养了自身的逻辑分析思辨能力，丰富了知识体系，并且实践主体也能对自身场域惯习的无意识遮蔽行为进行理性唤醒，进而对转化和实践的场域结构、惯习、资本进行有效的自我反思。这必将有利于进一步激发出实践主体的第Ⅱ型使用理论。

通过这种参与式合作的共同体，建立参与式实践和参与式学术的长效机制，能够加深管理研究主体与实践主体对彼此场域、惯习的了解，在相互承诺与相互监督的基础上，共同实现第Ⅰ型使用理论向第Ⅱ型使用理论的转变，确保使用理论与信奉理论达到最大程度的一致，这对于实现管理研究主体与实践主体之间的紧密合作与对接、促进管理研究向实践转化具有十分重要的作用。

第三节　基于效能共识的研究与实践关系的建设

通过对管理研究成果向实践转化的研究可以看出，加强管理研究与管理实践的有效互动在一定程度上能够解决当前存在的理论与实践脱节的问题。除了对管理理论场域和管理实践场域进行有效的沟通、交流和互动外，本研究也从效能这一角度进行研究，希望能够得出基于效能共识的管理研究与管理实践的关系。

一、实现管理理论向实践转化效能评价可能存在的问题

本研究构建了管理理论向实践转化的效能评价指标体系，目的是为理论转化和应用效果提供良好的评价，尽量避免转化问题的出现。但是在应用该指标时，可能会存在一定的问题，使得该指标应用时产生的效果不强。

（一）指标体系的理解性

管理研究成果向实践转化的效能评价指标体系是在管理研究者和管理实践者共同作用下形成的，具有一定的实践指向性。但是从实际来看，很多管理者在应用理论或者应用该指标体系进行实际评价时，可能存在对指标体系理解上的问题。由于本研究涉及的指标中大多是定性指标，难以进行界定，所以对于各指标的内涵，不同的学者或者管理者可能有自己的认识。因此，在运用该指标体系时可能会因为对指标内涵的理解不同而导致应用存在一定的问题。

（二）情境适应性

在管理研究与管理实践这两个特殊的场域情境中，具有实践转化效能的理论才能转移到实践场域情境中，对实际的应用产生指导作用。本研究构建了理论实践转化效能的指标体系，这是一个对大多数理论都具有指导作用的体系。但在应用时，企业可能忽视情境的适应，盲目地使用这个指标体系来评价本企业中引进的所有理论的优劣，或者直接引用在其他企业中得到有效性验证的理论。这会导致该指标体系不能有效地指导实践中理论的选择、引

进和应用。

（三）应用的片面性

企业的管理者在充分理解各指标的内涵之后，能够根据企业的实际情况对指标进行选择和应用。这对企业中引进理论的实际应用能够产生一定的积极作用，但是不排除企业家们在应用理论时，忽略指标体系中与研究相关的因素，如理论实践预期效能中的研究者特征等因素，一味地以理论应用后为企业带来的成效作为衡量标准。这样的话，即便在很短的时间内理论应用为企业带来了成效，但是对企业的未来发展产生的作用具有不确定性。因此，是否能够全面地应用管理理论实践转化效能指标体系，对衡量转化效能具有重要作用。

二、提高管理理论实践转化效能评价指标体系有效性的建议

通过以上研究可以看出，本书在知识转移、场域和效能研究的基础上，构建了管理理论向实践转化的效能指标体系，但是该指标体系也存在一定的问题。为了避免在应用过程中出现问题，提高理论向实践转化的效能，该部分从转化效能的三个方面提出一定的建议，使本书提出的指标体系能够更好地评价管理理论的实践转化效能。

（一）研究成果的背景特征与实际问题的相符性

引进管理研究成果对实践进行指导时，首先要明确该理论成果产生的背景、研究方式、研究者的研究动机以及研究成果具有的特征是否适合企业的应用。然后再考虑是否引入企业。像目标管理的产生一样，德鲁克作为研究者，其本身就具备了良好的实践经验，他研究的理论充分考虑到了实际的问题，因此在进行实践应用的过程中比较顺畅，能够解决企业中存在的问题。目标管理理论的提出与德鲁克所在工厂中存在的目标不明确、效率低下等问题相适应，因此，一经提出便得到了广泛的应用，为企业解决了很大的难题。

因此，在理论产生时，应该考虑到理论的实践指向性。管理研究主体需要具备良好的研究动机和积极的研究意愿，采用合理、有效的研究方式进行研究。产生的研究成果需要具备实践性，语言能够为实践应用者所接受，理论应用的条件和结论等都易被企业所接受。

（二）企业领导者、环境以及员工的特征与理论应用的适应性

除了考虑理论成果的来源及特征之外，企业在进行理论向实践的转化评价时，还需要从实际出发，充分了解本企业的组织环境、领导者和员工的特征，保证理论能够合理应用，使该指标体系的评价具有有效性和合理性。目标管理理论在应用时也不是每个企业都完全适合，在不同性质的企业中，目标各不相同，因此在引进理论时应充分考虑到不同的情形，按照企业的实际情况进行应用。

首先，企业需要对领导者的知识经验、管理经验以及各方面的能力进行有效的评估，保证引进理论后领导者能够支持和开展理论实施工作。其次，需要对该理论成果与企业环境、文化和组织结构的匹配性进行分析，使理论与企业情境相适应。只有在良好的环境中才能使理论进行良好的转化。最后，要保证公司员工具有吸收和应用新理论的知识与行动。

（三）注重对理论应用后带来的效果的评价

在管理理论实践转化效能评价指标体系中，企业的实际应用是占比最大的，也就是说管理理论引进应用后对企业的实际指导作用是最重要的。因此，需要对理论应用后的成果进行有效的评价。从目标管理的应用中可以看出，很多企业都引进了目标管理理论，通过制定一定的目标来提高工作效率，进而提高了企业的人力、经济和社会效益。这就是目标管理理论应用后带来的有效结果。

因此，在应用时一定要注重对理论应用后的结果的评价。首先，要有理论应用后的比较意识。不能因为该理论在其他企业得到了有效的验证就直接应用。在理论引进后，要对企业中出现的变化等进行及时的监控。其次，要用发展的眼光看问题。引进管理理论后，解决了企业管理中存在的问题，这可能在短时间内提高了企业的管理效率，但并不一定意味着该理论与企业的目标和战略相适应。这就需要企业根据实际情况制订发展计划，在一个时间段内对理论应用的成效进行衡量。最后，根据企业的发展水平和发展情况适时地调整理论，适应外部变动的市场环境，以期理论应用后能够对企业的人力资源、组织经营及社会效益带来一定的提升。

只有考虑到了各方面的影响，才能避免在应用时出现问题。但是要想避免全部的问题也是不现实的，像目标管理理论一样，也不是每个企业都适

合，只有在应用中根据企业的应用目标不断调整，才能使理论与实践情况相互适应、相互促进。

三、从效能角度增强管理理论与实践关系的建议

（一）效能目标的相容性

在管理理论向实践场域转化的过程中，存在一些影响转化效果的障碍。从研究场域来看，主要是因为管理研究场域与管理实践场域在场域目标上存在一定的差异。在研究场域，其目标主要是研究出高质量、高标准的学术成果；而在实践场域，则要求形成能够解决实际问题的理论和方法。因此，二者在目标上的不一致导致转化问题的产生。在目标管理理论的产生过程中，德鲁克既是研究者又是企业实践者，因此在研究时能够保证两个效能目标的一致性，即共同为了解决企业中存在的目标问题而努力，这样产生的理论具有较高的实践指导效能。

引进效能的概念对管理研究成果向实践转化的效果进行评价时，其中效能包括了一个很重要的因素即效能目标。只有各部分的效能目标保持相容性，才能实现转化效能的整体目标。在目标管理理论中，由于研究者本身也是实践者，因此在研究中，两者的目标并没有很大的差异，都是为了解决实际中出现的问题，这样效能目标的相容性就保证了理论研究成果实践指导价值的有效性。

因此，管理理论研究过程的效能与实践应用的效能目标应该保持一致，即为解决实际问题而研究，保证研究的成果能够被实践者理解并用来解决实际问题。只有管理研究与管理实践两个场域之间存在一致的效能目标，才会为了完成这个共同的目标而努力，也会因为目标的一致性提高两个场域之间的交流与互动，缩短两个场域之间的距离，提高转化的效果。

（二）效能实现过程的衔接性

由于管理理论成果从研究场域向实践场域的转化具有阶段性和整体性，需要经过研究来源、理论研究、研究成果的呈现形式、成果的传递和转化、理论成果的吸收应用以及对吸收应用结果的评价等阶段，因此，对理论与实践转化的关系要从每个部分出发。

以目标管理理论转化应用为例，从目标管理理论的有效转化过程来看，

首先，目标管理理论产生的来源即为了提高企业的经营和生产效率，是为解决实际中存在的问题而研究；其次，研究者本身属于实践者，在理论研究的过程中照顾了实际应用者的感受，理论的难易程度和可接受程度与实践者的接受能力相符；再次，在应用的过程中，根据不同的情境进行不同的目标选择；最后，应用目标管理理论后得到的有效作用能够进行有效的评价和衡量，得到的效果也很明显。因此，在转化的过程中，一定要注意各阶段的衔接。

从效能角度来看，在管理理论向实践转化的过程中，各部分的效能构成了转化的整体效能。因此，要想实现管理理论向实践转化的效能，必须保证各部分效能的实现，而且各部分的效能之间一定要有衔接性。效能的实现要按照顺序和步骤来，而且要根据实际情况及时调整各部分的效能。只有各部分的效能之间存在密切的关系、相互促进、相互影响，才能将效能构建成一个整体，增强理论与实践的关系。

(三) 效能结果评价的及时性与反馈性

除了构建整体效能之外，为了较好地实现效能的目标，需要对效能的结果进行有效的评价。在目标管理理论的研究和生成中，也是经过了不断的试验和验证，从一开始的任务管理到最终形成的比较系统的目标管理理论，也是经过了好几个学者的研究和不断的反馈。因此，注重对理论应用的反馈至关重要。

不论管理研究场域或者管理实践场域是否具有一致的效能目标，不论各部分的效能目标是否能够有效实现以及各部分效能目标的衔接性如何等，都需要通过一定的评价方法和工具进行衡量，而且有效的评价能够促进良好效果的实现。因此，一定要注重对效能结果的评价。

此外，一定要注意评价的时效性，效能评价要伴随着效能目标实现的过程，而且在评价时要注意选择各部分效能的要素作为评价指标，还要注意各阶段的协调与反馈。要根据整体效能目标的要求及时调整各部分的效能目标以及实现的方式，保证各部分效能的协调性和一致性，最终得到良好的转化效果。

因此，为了从效能共识方面增强理论与实践的关系，实现理论向实践的转化效能，不仅需要解决管理理论向实践转化效能实现中存在的问题，还需要构建一致的效能目标，并且将各部分的效能有机地结合起来，在实现各部分目标的同时实现整体的效能目标。

第八章 结论、创新点与展望

本章主要是对前文研究的总结与概括，并在此基础上提出本研究区别于其他研究的创新点，进而对之后的研究方向进行展望。

第一节 结论

本书从场域惯习的视角对管理理论向实践转化的难题进行分析，然后分别从不同的角度提出了解决对策，从跨学科的理论视角分析了管理研究与实践之间转化与脱节的问题，通过对管理研究向实践转化效能的评价指标研究，能够促进学者对这些问题的正确理解。通过研究，主要得出了以下几个结论：

首先，本书选择了场域和效能两个视角。通过对管理研究与实践主体的分析，明确了管理理论与实践的关系，并得出了影响理论向实践转化的因素。基于此，本书引进了场域惯习理论和效能的概念，通过对管理研究与管理实践两个不同场域之间存在的结构、惯习和资本的差异以及两个场域之间效能主体、效能目标以及追求效果的不同进行分析，得出影响管理理论向实践转化的主要因素。从这两个视角出发，具有一定的理论与实践价值，能够充分体现二者之间的差异和距离。

其次，通过对场域惯习理论的应用可以看到，在管理研究场域与管理实践场域中，二者之间存在的场域结构的不匹配、场域惯习的冲突、场域内资本数量和质量的差异，以及两个场域中存在的主体之间的差异以及语言障碍等，严重阻碍了管理研究场域中研究成果向实践场域的流动和转化。在管理研究场域中存在的量化评价制度、缺乏反思性以及与实践的割裂等问题影响了研究场域中成果的实践价值，同样，在实践场域中缺乏一定的反思性、场域结构僵化难以调整等也使实践场域很难引进先进的理论成果来指导。此外，在转化的过程中，由于两个场域之间存在转化机制不稳定、媒介的载体性不强、转化渠道拥挤以及语言转化的失败等，使管理研究场域的成果与管理实践场域的需求很难实现有效对接，这也是理论与实践出现互动难问题的主要原因。

基于此，本研究提出三条建议：一是增强管理研究场域与实践场域的对接，提高管理研究场域与实践场域之间的自主性，保持时刻探索的精神，并且要将理论落实到实践中；二是实现两个场域之间主体的对接，使管理研究主体与管理实践主体充分参与到理论向实践的转化过程中，保证理论研究与实践应用的相关性；三是要形成两个场域之间的互动闭环机制，为管理研究场域与实践场域的有效互动提供一个平台，并且形成一个以知识管理为基础、拥有共同语言的转化链条，保证理论与实践的良好对接。

再次，通过对效能的内涵和特点的研究，本书引进效能的概念，从管理理论向实践转化的整个过程出发，将管理理论向实践转化的效能分为三个部分：一是管理研究实践预期效能；二是转化过程效能；三是实践应用结果效能。这三部分效能涵盖了管理理论从研究场域产生到转化再到实践场域应用的全过程，并且对不同效能的内涵、影响因素都进行了有效界定，从中提出了影响效能目标实现的因素，构建了衡量管理理论向实践转化效能的指标体系。

在对效能研究的基础上，本书分析了不同阶段的效能难题。基于此，从效能角度对解决管理理论向实践转化的问题提出了一定的建议：一是保持管理研究场域与管理实践场域之间效能目标的相容性，使两个场域为同一个目标而努力；二是保持两个场域之间转化效能实现过程的衔接性，使管理研究场域的理论能够有效地传递到管理实践场域中，提高转化的效率和效果；三是提高转化效能评价的及时性和反馈性。通过对转化后实践场域中出现的有效变化来调整研究场域的研究和成果，进而达到理论与实践的密切结合，为解决理论与实践脱节问题提供新的思路和方法。

最后，本书以目标管理为例，研究了目标管理在实践场域情境中应用的难题和解决方法，然后通过引入行动科学理论，为提高理论成果的实践转化效果提供新的思路。应帮助实践者认识到自身信奉理论与实际使用理论之间的不同，然后对实践主体的行为进行实时监控并引导其进行反思。通过这两个实例，体现了管理研究场域情境与管理实践场域情境之间能够实现有效的互动，这也是解决脱节问题、实现理论向实践转化目标的有效方式。

第二节　创新点

本书主要是从当前管理研究场域与管理实践场域之间存在的脱节现象出发进行研究的，通过分析两个场域之间存在的结构、惯习差异以及在效能追求与考核方面的不同，得出影响管理理论向实践场域转化存在问题的原因，进而从不同的角度，如场域惯习、行动科学和效能评价等方面对提高两个场域之间的互动给出建议。因此，本书主要有以下三个创新点：

首先，本书引入社会学理论中的"场域惯习"视角，研究管理研究与管理实践之间存在的结构性差异。对于管理理论与实践脱节的研究，当前大多数学者主要是从研究方法、理论与实践的关系、研究主体等方面进行分析，但是很少有学者从跨学科视角来探索管理理论和管理实践之间的关系，分析二者的脱节问题。本书通过引入社会学理论中的"场域惯习"理论，从管理研究场域与管理实践场域之间存在的场域惯习、资本、竞争以及两个场域之间存在的位置关系等对管理理论成果难以向实践场域转化提出了新的见解。另外，从场域惯习、资本/资源的情况以及内部竞争关系的差异来解释二者情境的不同，并从中构建了两个场域成果的转化机制，这对从根本上解决管理理论与实践脱节的问题提供了新的思路。

其次，本书引进了"效能"的概念和效能评价体系来研究管理理论与实践的转化关系和脱节的问题。当前，探讨管理研究与管理实践的脱节问题以及管理研究成果（理论）向实践转化的效果时，多数属于规范性研究和非系统化的分析，缺乏定量分析的系统框架和评价指标。

本书引用了效能和效能评价的概念，对管理研究成果向实践场域转化的整个过程中的效能进行了研究，提出了实践预期效能、转化过程效能和应用结果效能三个层面的效能。这正好与管理理论向实践场域转化的过程相吻合。从这三个方面的效能出发，提出了影响效能目标实现的因素，构建了指标。通过科学、合理的方法构建管理理论成果向实践场域转化的效能指标体系，不仅能够解决管理理论实践转化效能低的问题，而且提出了一个新的研究视角，同样为实践者应用并评价管理理论提供了良好的理论工具。

最后，提出管理研究与实践两个领域中场域惯习的内涵，探索两个场域的结构差异，提出研究成果从研究场域向实践转化的一般模式，并深度分析了二者之间的障碍。本书指出管理研究场域是管理学科在高度分化并集聚的基础上，以管理知识的创造与传播为纽带，形成的跨时空、跨组织的知识建构、信息传递、研究交流与评议的结构空间，它是管理研究主体在管理知识生产过程中的各种关系的网络集合，包括管理研究主体、物质与非物质资源条件以及作为协调因素的政策、规则、制度等。

管理实践场域是以市场关系和组织关系为联结，由无数个与管理研究向实践转化的活动有直接或者间接关系的实践主体组成的客观关系网络，包括实践主体、管理方法（技术）、制度规则以及贯穿于场域中的惯习。

从根本性质上而言，管理研究场域与管理实践场域是完全不同的，管理研究场域是基于对知识真理性的追逐与竞争而构造的场域，而管理实践场域是基于对经济效益性的追逐与竞争而构造的场域。换句话说，前者是以文化资本的投资、累积和溢出为考量的，后者是以经济资本的投资、累积与倍增为考量的。这种根本性质的差异决定了二者之间的内在关系和变化有着明显的区别。

从布迪厄的场域资本理论视角出发，可以将管理研究成果看作一种文化资本，表现为显性知识与隐性知识。管理研究向实践的转化是管理研究主体与实践主体之间连续的资本转移过程。管理研究向实践转化的动力源泉是管理研究场域与实践场域之间的资本结构与数量差异，而这是管理研究场域与实践场域各自长期积累的结果。管理研究主体与实践主体既是管理研究的发送方，也是管理研究的接收方，总体上来说，转化过程是以文化资本高的管理研究主体向实践主体进行转移为主。管理研究成果向实践转化的过程是从文化资本开始，最终表现为文化资本、经济资本、社会资本的相互转换与增值。在资本数量、结构、分布改变的过程中，场域的位置与结构也在不断变化。惯习作为场域与资本之间的机制也随之变化，但如上文所述，惯习存在一定的滞后性。

管理理论与研究向实践转化的障碍主要体现在：管理研究场域与实践场域的结构性冲突；管理研究场域与实践场域彼此之间的惯习差异与冲突；两个场域之间存在的资本结构的冲突与数量的差异。除此之外，两个场域主体之间的语言或话语体系差异也是产生障碍的主要因素之一。两个场域在各自长期的发展演变中，场域结构、惯习、资本相互作用而生成了独特的话语体系。尤其是管理理论与研究中大量使用了通过精练和抽象的概念与术语，形成了学术写作的独特风格，这使实践场域的管理者难以理解，或者产生偏离管理理论真实内涵的解读，从而造成二者的冲突与障碍。

最后，本书用目标管理理论和行动科学理论进一步阐述了理论与实践脱节的原因。通过目标管理理论的落地研究，从组织情境出发，得到了影响理论实践应用的因素，根据该理论应用存在的问题，为之后研究成果的成功落地提出建议，具有可行性。此外，通过对行动科学的研究，从新的方面提出了研究场域与实践场域存在问题的原因，也从另一个方面给出了解决的措施。

第三节　展望

本书从管理理论与实践脱节的现象入手，引入社会学中的场域惯习理论探讨了管理研究向实践转化的问题，并从效能评价方面论述了管理研究与实践的互动过程。本研究虽然对二者的关系、研究成果实践转化的过程有较为深入的探讨，并取得了一定的成果，仍有不足和需要未来进一步研究的地方。首先，从场域惯习视角分析管理研究与管理实践两个场域之间的关系、问题，在概念界定，特别是命题形成与命题关系方面仍然比较粗犷，严谨和精细度不足，惯习、权力、场域主体、资本等概念的跨学科应用仍显得生涩。其次，场域惯习应用与解释对管理研究成果、管理知识的转化应用方面做了较多的理论分析，但缺乏访谈、实证、案例方面的论证支撑。最后，使用德尔菲法和层次分析法构建了管理研究成果向实践转化的效能评价指标体系，但缺少对该体系的实践检验，仍然需要在未来通过管理理论或成果实践转化应用的案例或试验来检验或修正这一评价体系。

附　录

附录1　管理理论实践转化中的异化应用现象探析[*]

乐国林　陈春花　毛淑珍

　　摘　要：管理理论异化应用是管理理论外在效用降低和遭受质疑的重要因素之一，伴随着科学管理理论而存在的"效率制"就是管理理论异化应用的经典案例之一。导致管理理论实践转化异化应用的主要原因包括：经营管理者私人收益动机、经营管理者的选择性偏好、企业任务环境压力和"机会主义成功"的带动效应等。要走出异化应用的困境，应当引入行动科学机制，塑造变革型领导和建立学习型组织。

　　关键词：管理理论；实践；异化；变革

一、管理理论效用不足与理论异化应用

　　管理学这一学科区别于其他社会科学的显著特点之一便是它的理论与知识具有明显的实践应用特征。管理学从决策、组织、经营、管理和各个社会环节之间的内在联系入手，研究其中的规律性，从而提出解决问题的各种方

---

　　[*] 本文原载于《管理学报》2013 年 3 月第 10 卷第 3 期，第 347–352 页，并被中国人民大学报刊资料中心全文转载。

案，为各个实践主体的目标制定、执行和达成提供科学的决策依据。回溯管理学产生的历史，能更加清晰而明确地确认管理学的实践应用特性，无论是泰勒的科学管理还是梅奥的人际关系管理，都是源自工厂管理实践而又广泛被企业和工厂所使用。管理学"真正的功用是将复杂、专业化的东西落实到行动上面"。[1] 由此看来，管理学作为一门实践导向的社会科学，其理论、知识和工具应当比其他学科包含更多的实践价值判断与选择。[2]

（一）管理理论的实践效用不足问题

工商企业界对管理科学与理论帮助其改进和提高经营管理实效充满了期待，这一点从工商管理教育的长久繁荣、管理咨询行业的勃兴、企业对新管理理念的追逐热潮中就能了解。然而，管理科学理论研究，甚至工商管理教育脱离企业经营管理实际，以及管理理论与知识不能解决实践问题的现实，使越来越多的企业家、经理人员乃至相当一部分管理研究者越来越怀疑管理科学和理论研究的实践效用与科学价值。[3] Kelemen 和 Bansal [4] 对管理研究成果与管理实践关联的分析研究，证实了大部分管理研究成果停留在学术期刊，无法与实践者"对话"，只有极少数学者在企业家或经理人员关注的实践期刊发表过文章。当前管理知识和研究似乎更多地成为学术圈内自我循环和功利价值的知识游戏，没有贴近企业经营现实，没有提出贴近管理实践的"正确的问题"和"创造可管理实践成效的知识"[5]，因而对工商实践的价值贡献呈现极限递减甚至毫无价值。国内许多学者对当前管理研究成果与管理实践脱节而产生的实践效应不足现象进行了批判和深入分析[6]，不少研究者都赞同应当直面管理实践，把实践实效作为评判管理研究成果的主要标准之一。[7]

（二）管理理论的异化应用与实践效用不足

管理研究不能令人满意的现实确实能够造成管理理论与研究的实践生产性和实效性降低甚至无效。然而，将管理研究的失职与失能作为管理理论与知识实践效用递减的唯一或主导性因素也是不妥当的。企业的实践者尤其是管理人员对管理理论与知识的刻意曲解或一知半解[8]，是管理理论与知识实践效用递减甚至失效的主要原因之一。根据《现代汉语词典》的释义，"异化"指的是相同的事物逐渐变得不相似或不相同，而在哲学中主要是指主体发展分裂出异于自己的对立面和力量。管理科学和理论实践转化中的异化应用指的是在管理理论与研究成果向管理实践迁移转化的过程中，实践者有选择性地剥离、裂解、曲解管理思想和知识的核心构件、关联关系、应用条件或环境，造成管理理论与研究在转化中的扭曲变异，继而导致管理理论或知识的实践效用递减甚至出现反效用的现象。这种异化应用主要有三种形态。

1. 割裂内核式应用

即肢解或有选择性地"解读"管理理论的精神与主体思想，吸纳或强化该管理理论的技术方法和手段。这种"裂其神而用其形"的应用偏离了管理理论的主旨精神，必然导致其管理思想的异化实践。这是管理理论异化应用最典型和最集中的表现形态。例如，目标管理本应当是一种员工参与的、民主的、自我控制的管理制度和企业解决方案，但在目标管理的实践应用中，"员工参与、民主管理"等人本管理要素往往被"割舍"[9]，目标的"自我控制"也被"目标压力"所替换，目标管理往往被异化为"目标控制"、"结果主义"、"目标摊派"。

2. 改变结构式应用

即按照管理者自己的看法对管理理论进行"创新"改造，非客观地改变了管理理论的知识要素和内在关联，从而使管理理论的效用机理发生了改变，这种"移花接木"的改变也容易导致异化实践。例如，在企业文化的应用实践中，不少实践者将员工支持认同和实践的价值观换成领导（老板）主张推行和贯彻的价值观，从而将"领导主导、员工主体、全员参与"的企业文化建设模式变为"领导主导、领导主体、员工执行"的企业文化建设模式，这种结构性改造必然导致企业文化理论的异化应用，使企业文化异化为一种新的压迫员工的手段。

3. "无条件"式的应用

任何管理理论的应用和效果实现都有其使用前提和作用发生的条件，无视其应用的前提与环境尤其是关键条件，必然导致管理理论的异化实践和失效。这集中体现在许多公司偏好追赶"时髦"的管理理念，一些企业和经理人为了突出业绩，显示自身管理理念的新颖性、现代性和先进性，热衷彼时新生或流行的管理思想、管理知识和管理工具，而不深究这些知识和工具的应用条件，或者不顾应用条件而上新的管理项目。20世纪90年代全球流行

"流程再造"理论，许多企业只要发现本企业运营效率下降、经营业绩不达标、竞争力不足，马上想到的就是流程再造，他们往往忽视了流程再造需要的环境条件和员工组织条件，使流程再造成为一种企业"换血"行动，其后果可想而知。[10] 类似的异化应用现象还有"不上 ERP 是等死，上 ERP 是找死"的 ERP（企业资源计划）管理应用。

在管理理论的实践应用中，企业经营和管理者根据自己"合目的性"的动机和选择性偏好，选择性、变异性和便利性地使用管理理论与研究成果的现象并不鲜见。例如，一些企业经营者将"企业社会责任"理解成为社会多做公益、多做好事、捐资赞助，而忽视了企业社会责任中的"底线责任"——产品质量责任、客户服务责任、环境保护责任、就业公平责任、公平竞争责任等。它们一方面不断在阳光下赞助公益、济世苍生，另一方面持续在星光下生产和销售劣质产品，污染环境，坑害消费者，积累财富。这种丧失人性底线的社会责任终究不能让企业因为"做好事"而基业长春[11]，三鹿集团的倒闭就是最好的反面教材。

二、管理理论异化应用的经典案例分析：泰勒的科学管理与"效率制"

管理理论的异化应用行为在管理学科产生之时即已存在，其中最有名的莫过于泰勒的科学管理与"效率制"引起的争议、误导并导致泰勒被要求参加国会听证答辩。泰勒的科学管理理论包含一套相互联系的理论（管理）要素或结构，如劳资合作与利益最大化、工时研究（标准化）与任务管理制、头等工人与差别计件工资制、科学挑选工人与教育培训、计划管理与例外原则、流程分工与职能工长等。但在阐明这些管理要素之前以及论述科学管理过程之后，泰勒均指出了科学管理最重要的目的或实质，他说："管理的主要目的应是在确保每一位雇主获得最大限度的财富的同时也确保每一位雇员能获得最大限度的利益"。[12] 在"共同得益"的基础上，在"积极性+刺激性"的制度框架下，劳资双方都把注意力放在如何提高生产管理效率上，最大化地做大盈余，使劳资双方都获得最大限度的利益。

泰勒在科学管理的理解和使用方面一再强调，构成科学管理的不是任何一个因素，而是各种因素组成的整体。然而，在科学管理诞生并取得成功后，许多雇主和管理咨询"专家"恰恰忽略了各种要素组成的整体性，他们"异化"了科学管理思想，剥离了泰勒反复主张的劳资双方的共同得益和友好合作的科学管理实质，而将科学管理的其他要素视为大大削减成本和提高效率的"金科玉律"。[13] 就在当时，突然出现了一批"效率专家"，他们纷纷帮助企业开展工时研究，制定工作标准，促进企业大幅度提高工人的工作效率，并减少工作过程中的浪费，但却对科学地提高工人工资标准甚至适度增加工资漠不关心。许多企业纷纷仿效科学管理方法，在企业内部设定计划部门，制订任务计划和任务执行制度，并引入泰勒的成本会计方法，提高了生产运营效率但却没有把劳资关系这一工厂管理"艺术中最重要的组成部分"考虑在改善生产运营管理的计划内，他们忘却了泰勒关于科学管理方法的理念——"新的方法就是把工人看作兄弟一样进行教导和帮助，教他学会最好的工作方法，即最容易完成这种工作的方法"。这种唯效率主义的"效率制"败坏了科学管理的名声，使实行泰勒制的企业无论古今都被贴上了"血汗工厂"的标签。许多企业的工人罢工，工会组织、国会议员纷纷对泰勒及其科学管理进行"口诛笔伐"，最后美国众议院对此进行调查并要求泰勒参加听证会并进行答辩。在答辩中泰勒强调科学管理的各种要素都是科学管理 "有益的辅助手段"，而科学管理的实质则是劳资双方的全面的心理革命。

时至今日，科学管理仍然是世界各地企业经营管理者十分重视的管理思想和方法，但许多实践者同样异化应用着科学管理，他们所看重的依然是那些能够迅速提高经营效率、增加经营者财富的"手段系统"[14]，同样忘却了泰勒倡导的科学管理基本目标，"作为这一过程的结果，组织的实际活动变成组织程序中某些特有的组织活动，而不是针对基本目标去进行的活动"。[15] 但是异化应用的最终结果是"为了某种效率而牺牲人类独具的心灵特征，会使人类一切进步尽归枉然"。[16] 当前许多企业发生的"过劳死"现象、富士康公司持续的跳楼自杀事件，足以给效率至上者以警醒。

三、管理理论实践转化中异化应用的原因探析

科学管理的异化应用并不是有影响力的管理理论异化应用的个案，后来的目标管理、企业文化、企业社会责任、平衡计分卡、企业社会资本等管理

理论与方法，在向管理实践转化应用中均存在被异化使用的现象。进一步，如果说某种管理理论与管理科学知识尚处于创立和完善阶段，其被管理实践者一知半解地误用，容易让人理解为理论的不成熟和方法的不稳定；而对于那些管理理论基本定型并被广泛教育传播、具有影响力的管理理论与方法的异化使用现象，其产生原因恐怕用"一知半解地误用"来解释是不能令人信服的。通过与企业实践者不断接触沟通，以及对文献案例的追踪，我们认为有四个因素是管理理论实践转化异化应用的主要原因。

（一）经营管理者的利己及私人收益动机和管理理论诉求及原则不一致导致异化应用

企业的经营管理者是管理理论与知识实践转化的决策者、领导者乃至执行者，他们的动机和觉悟直接决定了管理理论与方法使用的科学性和应用水平，从而主导了管理理论实践应用的效果。如果经营管理者在采纳管理理论与知识前后能够回避个人利害动机，站在企业整体和长远发展的角度思考与推动企业的管理变革，则他们更可能站在"价值中立"的角度来推动管理理论与方法的实践应用，那么异化应用发生的可能性将大大降低。反之，如果经营管理者在决定使用某种管理理念与思想时，过多考虑个人利益得失，而准备采用的管理理论诉求与原则中既有能极大增强其个人利益与权威的方法，又存在与其个人私利和想法不相容的原则时，那么决策者与执行者在采纳和推广某一管理理论与知识时，必然会对管理理论进行有利于自己和利益相关者的剪切与改造，从而导致管理理论整体效用的递减，甚至异化为该管理理论诉求的对立面。20世纪80年代以《日本企业管理艺术》、《Z理论——美国企业界怎样迎接日本的挑战》等为代表而兴起的企业文化理论，一度给工商管理界带来了管理文明的清风。但在实践应用中，许多企业家和经理人将企业文化视为"老板文化"和老板的价值观，甚至认为企业文化可以给员工"洗脑"，增强管理者的权威，加强对员工的管理控制，激发员工的主动性和上进心，塑造良好的外部形象，做到"控制上有工具，市场上有形象"。他们刻意忽略了企业文化的特性之一："员工主体性"——企业文化是全体员工在实践中建设、共享、促进企业与人共同发展的文明精神准则[17]，担心员工的民主参与和集体诉求将削弱领导与管理者的权力和权威，大幅增加内部管理的时间成本和社会成本。由此而推广运作的企业文化成为一种"老板拍板、领导灌输、全员执行、墙上功夫、仪式隆重、面子风光、实不堪用"的管理"作秀"[18]，远离了企业文化由组织成员共同享有且视为理所当然的基本信念[19]，难以成为"众人心悦诚服的行事准则"[20]。

（二）经营管理者的选择性偏好导致管理理论的异化应用

经营管理者在长期的经营管理实践中积累了丰富的不同经营场景的管理经验，并形成了自身的管理风格和管理习惯。当接触新的管理理念和管理思想时，习惯、经验、职业敏感性等心理定式必然影响他们对管理思想不同要素的价值性、重要性、实用性、可操作性的判断与选择。一旦管理者准备采用某一管理理论与方法时，他们往往会按照自己的选择性偏好来剪裁、改造管理理论与方法，使之成为自己"应手"、方便的管理工具，这种选择性偏好引起管理理论转化中的分割使用、（逻辑）结构断裂，造成管理理论的异化应用。众多的企业家和经理人推崇与采用科学管理，主要是科学管理提供了他们长期关注的激发员工潜力、优化经营管理流程、降低成本消耗、提升资产回报率的一套管理制度与方法。他们把科学管理当作"各取所需"的工具库，关注企业生产运营过程管理的经理人在计划和任务方面找到科学管理的"点子"，而热衷员工工作效率的经理人在科学挑选、培训、工资方面寻找科学管理的"良方"。在德鲁克的目标管理理论的异化应用方面也存在同样的选择性偏好：关系型领导更愿意在目标管理中找到帮助其达到目标而不破坏其领导权威或魅力的目标执行过程的手段与方法，而任务型领导偏好干目标与考核的数学运算，追求如何通过结果与绩效来强化对部门和员工的控制。这种"择其所好而用之"的管理理论实践模式必然割裂管理理论要素逻辑的完整性，导致手段与目标模糊不清或本末倒置，虽然可能在短期内带来经营管理效率和利润的增长，但其造成的管理隐患往往甚于收益。

（三）企业任务环境压力导致管理理论的异化应用

企业的成长与发展经常必须面对动荡复杂和不确定的内外部环境，尤其是竞争压力、目标任务压力和诸多影响企业稳定或创新的迫在眉睫的管理问题。在任务压力的环境下，尤其是企业的经营遇到重大危机（如品牌信誉危机、退市危机、组织解体危机、负/零增长危机）时，企业经营管理者往往容易出现"病急乱投医"和"头痛医头，脚痛医脚"的现象。当其认为某一管理理论和方法能够提高企业经营任务完成的效率和效果，能够解决企业经营管理的环境危机与问题时，他们首要考虑的是这一管理理论与方法中哪些知识、做法和管理措施能够迅速帮助他们应对经营管理的困境，而对于管理理论与方法实践应用应当要注意的其他理论要素和管理链条，则是回避或者无暇顾及的，除非不同时解决这些要素的应用问题直接影响管理变革的推进。这种"头痛医头，脚痛医脚"式的问题解决模式极易导致管理理论在实践中的异化应用，而当运用某一理论工具不能有效改变企业的经营环境时，决策者又易于否定管理理论的实践效用。例如，目标管理理论之所以长期受到经理人的青睐，除了其本身具备较为系统和实用的目标管理理念与结构外，还在于许多经营者和管理者能在企业与自身面临重大经营环境压力和危机时，能够借此"合规性"动用手中的权力和资源将经营环境压力分解给下属部门与人员，并按照目标管理的"技术流程与方法"，在规定的时间控制下，锁定下属部门和人员的业绩目标执行情况与结果，而这种压力传递甚至是"转嫁"事先一般不会有真诚、平等、民主的下属参与，目标的过程控制更多的是"任务控制"而非员工的"自我控制"。

（四）管理理论异化应用的"机会主义成功"将促进异化应用的复制扩散

泰勒曾经因为科学管理被当作"效率制"异化应用，而受到工人、工会和公众的质疑与指责，并到国会接受听证答辩，澄清科学管理的实质和其管理思想对各利益相关者的有益性。但这似乎并没有影响到贴着科学管理标签的"效率制"大行其道，其主要原因在于许多企业都因为科学管理的异化应用而在所有者和管理者财富增长方面获得"机会主义成功"，这极大地刺激了其他企业异化应用的热情和信心，它们积极模仿复制"效率制"模式的科学管理而非"科学管理"的效率模式。管理理论异化应用的发生尤其是持续存在，主要在于异化应用"尝鲜者"获得机会主义成功所产生的示范效应。剥离管理理论中涉及人的精神和心理的管理要素，那些有关人—事组合管理、事—事科学设计的管理要素和机制既容易执行又容易见效，这正是管理理论异化应用发生和复制扩散的机会主义动因。

四、避免管理科学异化应用的建议

管理理论的异化应用不仅影响了管理理论的实践功效，导致实践者对管理科学有效性和有用性的质疑，而且本身容易制造更多的管理实践问题，引起或加剧企业核心利益相关者的冲突和紧张，降低企业的竞争力。因此，有必要提出避免管理科学异化应用的对策措施来推动管理科学的正确转化应用，提高管理理论解决相应实践问题的效能。行动科学介入、变革型领导塑造和学习型组织建设是三个可供参考的建议。

（一）管理理论实践转化的行动科学介入

就管理理论实践转化的方法而言，要避免转化中的异化应用，就应当引入"行动科学"和"行动科学家"这一科学工具与角色。Gummesson[21] 认为，对管理知识导入实践或经营性公司实践变革而言，必须引入行动科学和行动科学家，它能"为客户和科学做出贡献"。这一点与管理研究不仅需要"解释性科学"，还需要围绕管理思想落地实施的"设计性科学"的观点，有异曲同工之处。进一步，作为行动科学（者），既要忠诚于知识，也要忠诚于实践者的目标，把研究实践和实践者行动结合起来；而作为行动科学执行者的行动科学家——研究者、企业实践者、咨询师，他们必须处理好公司利益和科学利益之间的关系，"使应用中的理论简洁明了，学会设计和创造出有助于启发思考和行动的新的应用理论"。[22] 行动科学家的嵌入并"担负起变革代理人的角色"，不仅能够准确地传播和使用管理科学的研究成果与思想，更为重要的是，他们深度参与到企业实践活动中——承担责任并拥有一定的组织权力，能通过各种数据收集方法把控管理理念变革与执行的过程、效果、影响力、问题，并根据"实施环境"变化进行调整和更新，建立一条"预知—熟知—预知"的管理思想转化应用的螺旋链，既避免了管理思想的异化应用，又对管理思想进行了权变应用性创新。

（二）高管人员应克服功利心态成为变革型领导

企业引入一套新的管理理念和工具来促进公司的管理变革，提升适应力或竞争力时，其成败的关键在于领导班子的领导品质、动机和行动力。前已述及，多数管理思想的异化使用都与领导者的心态和角色存在密切关系。不论是出于个人或小团体私利的变革价值取向还是急于求成的变革行动取向，这种交易型领导的功利心态都容易导致管理理念和知识在企业变革创新中被误用或扭曲，从而导致变革的失败。实际上，在企业应用管理理念来推动和运作公司的变革创新中，其高管人员最适合采用或营造变革型领导风格与氛围。变革型领导要求采纳新的管理理念与方法，应当具有德行垂范、领导魅力、愿景激励以及个性化关怀等变革型特质。[23] 只有具备这些领导风格，才能有效建立领导者和下属之间的高度信任关系[24][25]，刺激部属对于引入新管理思想和理念、推动管理变革的意义和价值的高度认知与认同，激发其严肃执行上级领导者管理变革举措的组织政治知觉，引导他们在组织或团队中超越自己的私心，并诱发他们的组织公民行为。[26] 在这种氛围与环境中，引入的管理理念和方法容易得到自上而下和自下而上的双向认同，其精神能够渗透到组织和员工内心深处，企业组织也能够为应用该管理思想和理念创造改变的条件，由此，管理思想、理念和方法能够被正确转化应用，企业管理变革成功的可能性更大。

（三）管理理论实践应用的学习型组织建设

在避免管理理论异化应用中，企业学习型组织建设是其中的关键一环，无论是行动科学的落地还是变革型领导推动管理创新的执行，都需要构建一个强有力的学习型组织。首先，学习型组织建设过程就是企业全员系统思考和自我超越的过程，企业全体员工对内部管理和工作惯性进行辩证的"新陈代谢"，形成变革和重塑自我的组织共识与学习氛围。这种组织共识与学习氛围的产生能够大大降低新的管理理念应用和操作的心理成本与组织成本，为管理理论实践转化累积组织能量。其次，学习型组织能够通过分享机制和创造机制，确保管理知识被正确地学习和传播，变成企业可移植的管理手段和方法。对管理思想尤其是其精神的正确理解是管理理论转化的知识前提，通过分享机制，可以减少企业成员对管理思想尤其是其核心观点的误读，例如，不会将科学管理理解为"效率管理"、将社会资本理解为"关系资本"、将企业文化理解为"领导（老板）文化"等。通过创造机制，将企业员工能够群策群力，结合各自的工作实际，提出应用新的管理理念和工具的改造方案与对策措施，使管理理论的落地能够面对实践情境和实践问题，具备扎实的实践执行基础。

参考文献：

[1] Magretta J., Stone N. What Management Is [M]. The Sagalyn Literary Agency, 2002.

［2］Whitley R. The Scientific Status of Management Research as a Practically-Oriented Social Science［J］. The Journal of Management Studies, Maryland, MD, 1984, 21 (4).

［3］格里斯利·P. 管理学方法论批判——管理理论效用与真实性的哲学探讨［M］. 刘庆林, 王群勇译. 北京：人民邮电出版社, 2006.

［4］Kelemen M., Bansal P. The Conventions of Management Research and Their Relevance to Management Practice［J］. British Journal of Management, 2002, 13 (2).

［5］陈春花, 陈鸿志, 刘祯. 管理实践研究价值贡献的评价［J］. 管理学报, 2011, 8 (6).

［6］韩巍. 管理研究认识论的探索：基于"管理学在中国"专题论文的梳理及反思［J］. 管理学报, 2011, 8 (12).

［7］乐国林. 实践导向管理研究评价的基本问题探讨——兼论由"出路与展望：直面中国管理实践"引发的学术争鸣［J］. 管理学报, 2012, 9 (12).

［8］彭贺. 作为研究者的管理者：链接理论与实践的重要桥梁［J］. 管理学报, 2012, 9 (5).

［9］应洪斌, 陈壁辉. 绩效考核的十大误区［J］. 华东经济管理, 2005, 19 (6).

［10］周平. 走出企业流程再造的误区［J］. 经济与管理, 2002.

［11］Kotler P., Lee N. Corporate Social Responsibility：Doing the Most Good for Your Company and Your Cause［M］. New Jersey：John Wiley & Sons, Inc., 2005.

［12］F. W. 泰罗. 科学管理原理［M］. 胡隆昶等译. 北京：中国社会科学出版社, 1984.

［13］丹尼尔·A. 雷恩. 管理思想的演变［M］. 李柱流译. 北京：中国社会科学出版社, 1997.

［14］胡国栋. 管理的目的—手段系统及其悖论［J］. 云南财经大学学报, 2011 (2).

［15］弗里蒙特·E.卡斯特, 詹姆斯·E. 罗森茨韦克. 组织与管理——系统方法与权变方法［M］. 李柱流等译. 北京：中国社会科学出版社, 1985.

［16］查尔斯·汉迪. 觉醒的年代［M］. 周旭华译. 北京：中国人民大学出版社, 2006.

［17］齐善鸿. 道本管理：中国企业文化纲领［M］. 北京：中国经济出版社, 2007.

［18］陈春花. 企业文化管理：从理念到行为习惯［M］. 北京：机械工业出版社, 2011.

［19］Schein E. H. Organizational Culture and Leadership［M］. Jossey-Bass Inc., Calidornia, 1985.

［20］托马斯·彼得斯, 罗伯特·沃特曼. 追求卓越——美国优秀企业的管理圣经［M］. 天下风经济文化研究所译. 北京：中央编译出版社, 1999.

[21] Gummesson E. Qualitative Nethods in Management Research [M]. Sage Publicstions, 2006.

[22] Argyris C., Puttanm R., Diana McLain Smith. Action Science [M]. San Francisco: Jossey-Bass, 1982.

[23] 李超平, 时勘. 变革型领导的结构与测量 [J]. 心理学报, 2005 (7).

[24] Kirkpatrick S. A., Locke E. A. Direct and Indirect Effects of Three Core Charismatic Leadership Components on Performance and Attitude [J]. Journal of Applied Psychology, 1996 (1).

[25] 贾良定, 陈永霞, 宋继文等. 变革型领导、员工的组织信任与组织承诺——中国情境下企业管理者的实证研究 [J]. 东南大学学报 (哲学社会科学版), 2006, 8 (6).

[26] Bass B. M. Leadership and Performance beyond Expectations [M]. New York: Free Press, 1985.

附录2　管理研究成果向实践转化效能指标德尔菲专家咨询问卷

1. 管理研究成果向实践转化效能指标体系调查专家咨询评议法（第一轮）

尊敬的专家：

您好！管理理论与管理实践的发展一直是学界和业界热议的话题。基于这一话题，我们正在从事"如何评价管理研究成果向企业实践转化效能"的研究。鉴于您的学识和成就，我们诚挚邀请您参加我们的专家调查。

需要说明的是，本项目试图从效能的角度对管理理论向实践转化进行评估，得到衡量转化效能高低的指标体系。以往对效能的研究主要侧重于能力和程度。因此，本项目将效能定义为：事物本身所具有的实现目标的能力和特征状态。

管理理论向实践转化的效能可能包括：理论成果具备解决实际问题的能力、成果向实践传递的效果以及理论成果解决实际问题的成效。其中，转化效能可以从理论实践预期效能、转化过程效能和企业实践应用结果效能三部分来评价。

以下是项目组初定的管理理论实践转化效能衡量指标，希望各位专家在此基础上进行打分和评价，协助我们获取研究成果向实践转化的效能指标。

真诚感谢您的大力支持，并期待您对本研究提出建议与意见。

管理研究与实践课题组

2016 年 7 月 12 日

管理理论向实践转化的效能研究——基于指标构建的分析（第一轮）
（您可以在选项空格内填写相应数字，或者在赞同的选项上打"√"）

指标	评分				
	重要 5	较重要 4	一般 重要 3	不太 重要 2	不重要 1
1. 研究成果的实践预期效能（哪些特征会让成果有效能）					
1.1 研究者特征因素（研究者具备的特征对实践预期效能有促进作用）					
（1）研究者专业知识、经验丰富					
（2）研究者有较好的研究团队和平台					
（3）研究者具有将理论转化为实践应用的强烈动机					
（4）研究者具备足够的企业实践（咨询）经历					
（5）研究者朋友圈中企业家、经理人较多					
您认为需要增加的指标：① ② ③					
1.2 研究成果特征因素（成果本身具有的特点对实践预期效能有促进作用）					
（1）成果科学性强					
（2）成果时效性强					
（3）成果的原理分析与实践操作的逻辑贴近					
（4）成果的应用条件与实践情境接近					
（5）成果的结论或对策对企业操作指导性强					
您认为需要增加的指标：① ② ③					
1.3 研究过程特征因素（理论成果的研究过程对实践预期效能有促进作用）					
（1）研究的问题或主题与企业实践问题联系紧密					
（2）充分收集与研究主题相关的理论和实践资料					
（3）采用理论分析与实践检验相结合的研究方法					
（4）研究过程注重在管理实践活动中进行测试或检验					
您认为需要增加的指标：① ② ③					
2. 研究成果转化过程效能（哪些过程要素决定了成果转化的效能）					
2.1 转化应用者特征因素（转化应用者具备的特征对转化过程效能有促进作用）					

指标	评分				
	重要 5	较重要 4	一般重要 3	不太重要 2	不重要 1
（1）转化应用者具备吸收研究成果的良好知识基础					
（2）转化应用者有主动探索、吸收新理念知识的积极意愿					
（3）转化应用者具备良好的沟通协调能力					
（4）转化应用者具有足够的管理经验或经历					
（5）转化应用者与专业人士有良好的合作互动机制					
（6）转化应用者具有敏锐的洞察力和分析判断能力					
您认为需要增加的指标：① ② ③					
2.2 转化应用环境因素（转化应用的环境对转化过程效能有促进作用）					
（1）研究成果的应用与企业目标实现相吻合					
（2）企业具备良好的物质转化条件					
（3）企业具备变革、创新的文化					
（4）企业具备灵活的组织结构					
（5）组织支持吸收新知识来解决问题					
您认为需要增加的指标：① ② ③					
3. 企业实际应用结果效能（哪些指标对于评估成果转化效能更重要）					
3.1 人力资源绩效提升与转化效能（企业的人力资源绩效提升体现了转化效能）					
（1）员工的工作能力提高					
（2）员工的责任感增强					
（3）员工创新意识和能力提高					
（4）员工对企业的认同感增强					
（5）员工关系更加和谐					
（6）工作满意度提升					
您认为需要增加的指标：① ② ③					
3.2 企业经营绩效提升与转化效能（企业的经营状况变好体现了转化效能）					

续表

指标	评分				
	重要 5	较重要 4	一般 重要 3	不太 重要 2	不重要 1
(1) 工作任务完成的效率和质量提高					
(2) 与研究成果相对应的问题得到解决					
(3) 经营成本降低					
(4) 盈利能力提高					
(5) 创新活动增加					
(6) 市场运营能力提高					
(7) 品牌影响力增强					

您认为需要增加的指标：①   ②   ③

指标	评分				
3.3　企业社会效益提升与转化效能（企业的社会效益提升体现了转化效能）					
(1) 企业社会形象的评价更高					
(2) 企业提供的就业岗位增加					
(3) 企业缴纳更多的税额					
(4) 企业对职工健康的关注度提升					
(5) 企业的行业影响力或贡献率提高					

您认为需要增加的指标：①   ②   ③

您对指标的判断依据及影响程度（选择两项进行判断）

理论分析			实践经验			国内外同行的了解			直觉		
大	中	小	大	中	小	大	中	小	大	中	小

专家基本情况：

1. 工作单位性质 （　　）。

A. 包括大学在内的研究机构　　　　　B. 管理咨询业

C. 非咨询类企业　　　　　　　　　　D. 事业合伙人或自主工作者

2. 研究工作或企业实践工作/行业经验年限 （　　）。

A. 5 年以内　　　　　　　　　　　　B. 5~9 年

C. 10~14 年　　　　　　　　　　　　D. 15 年及以上

3. 您对管理成果与实践的关系这一主题或问题的熟悉程度 （　　）。

A. 很熟悉　　　　　　　　　　　　　B. 熟悉

C. 较熟悉　　　　　　　　　　　　　D. 一般熟悉

E. 较不熟悉　　　　　　　　　　　　F. 很不熟悉

本项目可能会进行第二轮专家调查，如方便请留下您的电子邮箱或者QQ，以便后续与您联系，谢谢！邮箱或 QQ：＿＿＿＿＿＿＿＿＿

为了能尽快收集专家的意见，修改指标体系，希望您在百忙之中抽出时间填写，并于七天之内将问卷发回，再次祝您生活愉快，谢谢！

2. 德尔菲专家咨询法 （第二轮）

尊敬的专家：

您好！本研究根据首轮专家对衡量管理研究成果实践转化效能指标的建议以及重要性打分均值的统计，修改和添加了部分指标。其中，新增加的指标用 "（新增）" 来表示。

因此，本轮问卷中包括了首轮专家打分中有一定争议的指标以及新增加的指标。烦请各位专家在首轮打分的基础上，根据自己的知识和经验，再次对管理研究成果实践转化效能指标进行打分。

真诚感谢您的大力支持，并期待您再次对本研究提出建议与意见。

管理研究与实践课题组

2016 年 8 月 31 日

管理理论向实践转化的效能研究——基于指标构建的分析（第二轮）
（您可以在选项空格内填写相应数字，或者在赞同的选项上打"√"）

指标	评分				
	重要 5	较重要 4	一般 重要 3	不太 重要 2	不重要 1
1. 研究成果的实践预期效能（哪些特征会让成果有效能）					
1.1 研究者特征因素（研究者具备的特征对实践预期效能有促进作用）					
（1）研究者专业知识、经验丰富					
（2）研究者有较好的研究团队和平台					
（3）研究者具有将理论转化为实践应用的强烈动机					
（4）研究者具备足够的企业实践（咨询）经历					
1.2 研究成果特征因素（成果本身具有的特点对实践预期效能有促进作用）					
（1）成果科学性强					
（2）成果的原理分析与实践操作的逻辑贴近					
（3）成果的应用条件与实践情境接近					
（4）成果的结论或对策对企业操作指导性强					
1.3 研究过程特征因素（理论成果的研究过程对实践预期效能有促进作用）					
（1）研究的问题或主题与企业实践问题联系紧密					
（2）充分收集与研究主题相关的理论和实践资料					
（3）采用理论分析与实践检验相结合的研究方法					
（4）研究过程注重在管理实践活动中进行测试或检验					
2. 研究成果转化过程效能（哪些过程要素决定了成果转化的效能）					
2.1 转化应用领导者特征因素（转化应用领导者具备的特征对转化过程效能有促进作用）					
（1）转化应用领导者具备吸收研究成果的良好知识基础					
（2）转化应用领导者有主动探索、吸收新理念知识的积极意愿					
（3）转化应用领导者具备良好的沟通协调能力					
（4）转化应用领导者具有足够的管理经验或经历					

指标	评分				
	重要 5	较重要 4	一般重要 3	不太重要 2	不重要 1
(5) 转化应用领导者与专业人士有良好的合作互动机制					
(6) 转化应用领导者具有敏锐的洞察力和分析判断能力					
2.2 转化应用环境因素 (转化应用的环境对转化过程效能有促进作用)					
(1) 研究成果的应用与企业目标实现相吻合					
(2) 企业具备良好的物质转化条件					
(3) 企业具备变革、创新的文化					
(4) 企业具备灵活的组织结构					
(5) 组织支持吸收新知识来解决问题					
2.3 转化应用接受者特征因素 (理论转化应用接受者的特征对转化效能有影响)					
(1) 转化应用接受者具备理解新管理理念和方法的知识基础 (新增)					
(2) 转化应用接受者具备接受和应用新管理理念和方法的积极意愿 (新增)					
(3) 转化应用接受者有充分的职业工作经验 (新增)					
(4) 转化应用接受者对领导的信任程度高 (新增)					
3. 企业实际应用结果效能 (哪些指标对于评估成果转化效能更重要)					
3.1 人力资源绩效提升与转化效能 (企业的人力资源绩效提升体现了转化效能)					
(1) 员工的工作能力提高					
(2) 员工的责任感增强					
(3) 员工创新意识和能力提高					
(4) 员工对企业的认同感增强					
(6) 工作满意度提升					
3.2 企业经营绩效提升与转化效能 (企业的经营状况变好体现了转化效能)					
(1) 工作任务完成的效率和质量提高					

续表

指标	评分				
	重要 5	较重要 4	一般 重要 3	不太 重要 2	不重要 1
（2）与研究成果相对应的问题得到解决					
（3）经营成本降低					
（4）盈利能力提高					
（5）创新活动增加					
（6）市场运营能力提高					
3.3　企业社会效益提升与转化效能（企业的社会效益提升体现了转化效能）					
（1）企业社会形象的评价更高					
（2）企业提供的就业岗位增加					
（3）企业缴纳更多的税额					
（4）企业对职工健康的关注度提升					
（5）企业的行业影响力或贡献率提高					

专家基本情况：

1. 工作单位性质（　　　）。

A. 包括大学在内的研究机构　　　　　　B. 管理咨询业

C. 非咨询类企业　　　　　　　　　　　D. 事业合伙人或自主工作者

2. 研究工作或企业实践工作/行业经验年限（　　　）。

A. 5 年以内　　　　　　　　　　　　　B. 5~9 年

C. 10~14 年　　　　　　　　　　　　　D. 15 年及以上

　　为了能尽快收集专家的意见，修改指标体系，希望您在百忙之中抽出时间填写，并于七天之内将问卷发回，再次祝您生活愉快，谢谢！

附录3 目标管理知识/管理工具
实施情况调查问卷

亲爱的朋友您好！

我是青岛理工大学即将毕业的研究生，首先感谢您在百忙之中关注此次调查。此调查试图探究目标管理知识或方法在公司中的实施情况，您的建议将会对此调查非常有帮助，您只需在选定的数字上打"√"即可。本调查只用于论文写作，不参与任何商业用途，并且不会泄露任何个人信息，请放心填写。

一、以下是关于企业目前状况的描述，请通过自己的判断，在合适的方格内打"√"。

题号	题项内容	不符合	不太符合	不确定	基本符合	符合
1	我有机会参与我所在部门的决策	1	2	3	4	5
2	当工作出现特殊情形时，我可以"先斩后奏"地灵活处理	1	2	3	4	5
3	领导一般不会干涉我的工作	1	2	3	4	5
4	公司有完善的规章制度和程序指导我进行工作	1	2	3	4	5
5	公司岗位的职责和权限划分得很清晰	1	2	3	4	5
6	公司对员工考核办法与步骤的规定相当详细	1	2	3	4	5
7	公司的规章制度一般都是以书面形式进行公布	1	2	3	4	5
8	在工作中同事与我能够通力合作完成任务或目标	1	2	3	4	5
9	我可以与其他部门就工作问题顺畅地沟通与交流	1	2	3	4	5
10	在关键问题上，我能与团队成员达成共识	1	2	3	4	5
11	公司积极鼓励不同部门之间的合作	1	2	3	4	5
12	公司各项工作的完成更多地依赖于集体的通力合作	1	2	3	4	5

题号	题项内容	不符合	不太符合	不确定	基本符合	符合
13	公司为提升我的工作能力，不断地对我进行指导和培训	1	2	3	4	5
14	我的工作能力在工作中不断提高	1	2	3	4	5
15	公司提倡我们时刻关注行业新闻，了解市场动态	1	2	3	4	5
16	我提出的创新和合理化建议容易受到关注或反馈	1	2	3	4	5
17	公司不断采用新的、更好的工作方式	1	2	3	4	5
18	我能通过向他人请教或者自己学习来解决工作中的问题	1	2	3	4	5
19	公司给予组织员工分享成功经验的机会	1	2	3	4	5
20	我们有定期会议进行集体培训、政策宣布和知识考核	1	2	3	4	5
21	组织会对我出色的工作效益或绩效给予奖励	1	2	3	4	5
22	组织能为我提供良好的培训与发展机会	1	2	3	4	5
23	公司有着完善的奖励和惩罚制度	1	2	3	4	5
24	公司的奖励和惩罚在我看来是公平公正的	1	2	3	4	5
25	在我情绪低落时，领导时常鼓励我	1	2	3	4	5
26	领导能时常指导我的工作	1	2	3	4	5
27	在生活上领导给予我很多帮助	1	2	3	4	5

二、以下是关于您的工作状况的描述，请通过自己的判断，在合适的方格内打 "√"。

题号	题项内容	不符合	不太符合	不确定	基本符合	符合
1	我和公司上下级共同协商制定组织和个人目标（任务计划）	1	2	3	4	5
2	在分配任务时，我会积极地提出自己的想法和建议	1	2	3	4	5
3	我和团队成员或同科室成员通过交流对任务指标的看法来达成一致	1	2	3	4	5

题号	题项 内容	不符合	不太 符合	不确定	基本 符合	符合
4	公司会通过会议、网络或内刊向我们传达公司战略和年度目标	1	2	3	4	5
5	在讨论任务指标时，领导很尊重我，平等待人，耐心倾听我的意见	1	2	3	4	5
6	通过讨论后，我和领导都能认可修订的任务计划以及奖励情况	1	2	3	4	5
7	公司设立的各项任务指标在时间和数量上描述得很明确	1	2	3	4	5
8	在我看来，公司设立的目标都可以通过努力完成	1	2	3	4	5
9	在我看来，公司对于完成目标给予的奖励很合理	1	2	3	4	5
10	我能充分地理解目标，并且能按照自己的计划安排工作任务	1	2	3	4	5
11	公司公布新的任务和指标时，我不会感到排斥	1	2	3	4	5
12	在我看来，完成个人目标会使我的个人能力提高	1	2	3	4	5
13	完成目标获得的奖励对我来说很重要	1	2	3	4	5
14	企业制定的目标可以成为我努力工作的动力之一	1	2	3	4	5
15	我会主动积极地做好工作，而不是被动地完成工作	1	2	3	4	5
16	分配给我的任务一般能在规定时间内完成，并能协助他人完成任务	1	2	3	4	5
17	我能经常反思自己工作中的问题和总结任务的完成情况	1	2	3	4	5
18	企业或部门会定期对目标的完成情况进行考察和总结	1	2	3	4	5
19	企业会对我的考核结果进行评估，并对以后的工作进行指导和安排	1	2	3	4	5
20	公司总能及时进行奖励和处罚	1	2	3	4	5

三、您的基本信息（均为匿名填写，请放心回答）。

1. 年龄：

　　A. 20 岁以下　　　　B. 20~25 岁　　　　C. 26~30 岁　　　　D. 31~40 岁

E. 41 岁以上

2. 学历：

A. 中专及以下　　B. 大专　　　　　C. 本科　　　　　D. 硕士及以上

3. 在公司的职位：

A. 基层员工

B. 基层管理者（含车间主任、项目经理）

C. 中层经理（如总监或部门经理）

D. 高层管理者

4. 所在部门：

A. 市场营销类部门　　　　　B. 生产技术类部门

C. 采购物流类部门　　　　　D. 职能行政类部门

E. 其他类型部门

5. 工作年限：

A. 1~3 年以内（含 3 年）　　　B. 3~6 年（含 6 年）

C. 6~10 年（含 10 年）　　　　D. 10 年以上

6. 企业产权形式：

A. 国有经济为主体　　　　　B. 中外合资合作

C.（家族）民营企业　　　　　D. 外商独资

参考文献

[1] 包恒庆，汪旭东. 基于组织效能内涵的理解谈对效能建设的思考 [J]. 中国西部科技，2007 (4)：65-66.

[2] 鲍俊雷，孙华燕，宋丰华，李迎春. 激光武器对抗效能指标体系研究 [J]. 装备指挥技术学院学报，2005，16 (3)：19-22.

[3] 毕天云. 布迪厄的"场域—惯习论" [J]. 学术探索，2004 (1)：32-35.

[4] 蔡玉麟. 也谈中国管理研究国际化和管理理论创新——向张静、罗文豪、宋继文、黄丹英请教 [J]. 管理学报，2016，13 (8)：1135-1149.

[5] 才凤伟，王拓涵. 企业场域转型：从"理性囚笼"迈向"生活世界" [J]. 湖南农业大学学报，2012，13 (2)：42-48.

[6] 崔浩. 布迪厄的权力场域理论及其对政治学研究的启示 [J]. 杭州电子科技大学学报，2006，2 (2)：1-5.

[7] 陈春花. 当前中国需要什么样的管理研究 [J]. 管理学报，2010，7 (9)：1272-1276.

[8] 陈春花，陈鸿志，刘祯. 管理实践研究价值贡献的评价 [J]. 管理学报，2011，8 (6)：791-795.

[9] 陈春花，刘祯. 中国管理实践研究评价的维度——实践导向与创新导向 [J]. 管理学报，2011，8 (5)：636-639.

[10] 陈春花. 企业文化管理：从理念到行为习惯 [M]. 北京：机械工业出版社，2011：167-178.

[11] 陈春花. 管理科学研究与实践距离有多远. 哈佛商业评论 [EB/OL]. http：//www.hbrchina.org/2017-08-29/5440.html，2017-08-29.

[12] 陈劲，王鹏飞. 以实践为导向的管理研究评价 [J]. 管理学报，2010，7 (11)：1671-1674.

[13] 陈劲，阳银娟. 管理的本质以及管理研究的评价 [J]. 管理学报，2012，9（2）：172-178.

[14] 陈宇卿. 中小学生学业效能：内涵、评价与提升 [J]. 教育发展研究，2011（22）：28-34.

[15] 成刚. 管理理论与实践的聚焦 [J]. 华东经济管理，2003（4）：85-67.

[16] 查尔斯·汉迪. 觉醒的年代 [M]. 周旭华译. 北京：中国人民大学出版社，2006：6.

[17] 丁夏齐，龚素芳，郭毅. 不当督导对管理效能的影响及其作用机制 [J]. 科技管理研究，2012，18（55）：248-253.

[18] 丹尼尔·A. 雷恩. 管理思想的演变 [M]. 李柱流译. 北京：中国社会科学出版社，1997：168.

[19] 董力通，黄平，武敏霞，李鹏. 电网企业科技成果转化后评价模型研究 [J]. 电力经济研究，2014（5）：122-126.

[20] 德鲁克·P. 管理使命责任实务（实务篇）[M]. 王永贵译. 北京：机械工业出版社，2007：134.

[21] 窦海波，姜慧涛，董斌. 集体球类项目团队效能内涵及衡量指标研究 [J]. 河北体育学院学报，2015，29（4）：66-70.

[22] 弗里蒙特·E. 卡斯特，詹姆斯·E. 罗森茨韦克. 组织与管理——系统方法与权变方法 [M]. 李柱流等译. 北京：中国社会科学出版社，1985：189.

[23] 傅飞强. 人力资源效能的评价指标研究——基于人力资源效能计分卡模型 [J]. 中国人力资源开发，2013（21）：33-39.

[24] 高静美. 社会学分析框架下的管理学学科属性 [J]. 经济管理，2003（22）：10-14.

[25] 郭凯. 文化资本与教育场域——布迪厄教育思想述评 [J]. 当代教育科学，2005（16）：33-37.

[26] 格里斯利·P. 管理学方法论批判——管理理论效用与真实性的哲学探讨 [M]. 刘庆林，王群勇译. 北京：人民邮电出版社，2006：93-152.

[27] 格尔茨. 地方性知识——阐释人类学论文集 [M]. 王海龙译. 北京：中央编译出版社，2004：277.

［28］高婧，杨乃定，杨生斌.关于管理学本土化研究的思考［J］.管理学报，2010，7（7）：949-955.

［29］龚小军，李随成.管理理论的实践相关性问题研究综述［J］.管理学报，2011，8（5）：775-783.

［30］郭重庆.中国管理学界的社会责任与历史使命［J］.管理学报，2008（3）：320-322.

［31］管理学报编辑部.共议管理学（二）——对《再问管理学》的回应［J］.管理学报，2013，10（7）：967-971.

［32］郭安元.对管理学的理解和认识——基于理论的视角［J］.当代经济管理，2010，32（8）：1-5.

［33］郭毅.论管理学者的迷思—— 一个全球性的而非本土性的现象［J］.管理学家学术版，2013（6）：16-26.

［34］甘华鸣.弥合管理理论与实践之间的鸿沟［J］.经济导刊，2004（4）：82-87.

［35］哈默，布林.管理大未来［M］.陈劲译.北京：中信出版社，2008：59.

［36］胡国栋.管理的目的—手段系统及其悖论［J］.云南财经大学学报，2011（2）：141-147.

［37］胡悦，常玥，蒲晓宁.我国企业人力资源管理效能衡量模式研究评述［J］.商业研究，2007（3）：62-65.

［38］韩巍.管理研究认识论的探索：基于"管理学在中国"专题论文的梳理及反思［J］.管理学报，2011，8（12）：1772-1781.

［39］韩巍.管理学者的使命［J］.管理学家学术版，2009（4）：64-68.

［40］韩巍.中国管理学界的社会责任与历史使命—— 一个行动导向的解读［J］.管理学家学术版，2010（6）：3-18.

［41］韩巍，赵向阳."非科学性"让管理研究变得更好："蔡玉麟质疑"继续中［J］.管理学报，2017，14（2）：185-195.

［42］贺德方.科技成果及科技成果转化若干基本概念的辨析与思考［J］.中国软科学，2011（11）：1-7.

［43］华冬萍.论管理理论应用中介［J］.经济与管理，2003（12）：44-45.

［44］霍海涛，汪红艳，夏恩君.组织效能影响因素实证研究［J］.图书情

报工作，2007，51（8）：38-41，57.

[45] 姜建成. 理论与实践的关系：马克思主义发展哲学的一个基本问题 [J]. 当代中国马克思主义哲学研究，2013（00）：301-338.

[46] 贾良定，陈永霞，宋继文等. 变革型领导、员工的组织信任与组织承诺——中国情境下企业管理者的实证研究 [J]. 东南大学学报（哲学社会科学版），2006，8（6）：59-67.

[47] 金占明，王克稳. 中国管理研究选题的误区及科学性判断标准 [J]. 管理学报，2015（4）：477-483.

[48] 克里斯·阿吉里斯. 行动科学——探究与介入的概念、方法与技能 [M]. 北京：教育科学出版社，2012：59.

[49] 李超平，时勘. 变革型领导的结构与测量 [J]. 心理学报，2005，37（6）：803-811.

[50] 李春利. 基于情境理论的知识转移情境的动力机制研究 [J]. 图书馆学研究，2011（19）：2-5.

[51] 李源源. "场域—惯习"理论视角下待业大学生群体生存状态研究 [D]. 华东师范大学硕士学位论文，2009.

[52] 刘源张. 中国·实践·管理 [J]. 管理学报，2012（1）：1-4.

[53] 刘忠波. 多重话语空间与中国形象的权力场域 [D]. 南开大学博士学位论文，2013.

[54] 乐国林. 实践导向管理研究评价的基本问题探讨——兼论由"出路与展望：直面中国管理实践"引发的学术争鸣 [J]. 管理学报，2012，9（12）：1147-1153.

[55] 乐国林，陈春花，毛淑珍. 管理理论实践转化中的异化应用现象探析 [J]. 管理学报，2013，10（3）：347-352.

[56] 乐国林. 文化资本与企业成长关系研究 [M]. 北京：经济科学出版社，2010：45-52.

[57] 乐国林. 管理理论实践转化中的异化应用现象探析 [J]. 管理学报，2013，10（3）：347-352.

[58] 罗珉. 管理学范式理论研究 [M]. 成都：四川人民出版社，2003：3-19.

［59］李浩.企业战略人力资源管理效能评价指标体系的构建［J］.商业经济评论，2011（10）：69-70.

［60］李向荣，水汉林，张士茂.提升工商行政管理效能研究［J］.中国工商管理研究，2013（4）：53-57.

［61］刘林元.理论与实践相结合的互动性及主要环节［J］.学习论坛，2008（10）：27-30.

［62］刘松博，姜丽，许惠龙.我国管理学研究与企业实践脱节问题的研究——人力资源管理期刊文献的分析［J］.科学学与科学技术管理，2013，34（6）：126-130.

［63］刘源张.中国管理学的道路——从与经济学的比较说起［J］.管理评论，2006，18（12）：3-7.

［64］罗纪宁.创建中国特色管理学的基本问题之管见［J］.管理学报，2005，2（1）：11-17.

［65］罗纪宁.中国管理学研究的实践导向与理论框架—— 一个组织管理系统全息结构［J］.管理学报，2010，7（11）：1646-1651.

［66］吕力."黑板管理学"的3个来源［J］.管理学报，2010，7（8）：1123-1129.

［67］吕力.管理学如何才能"致用"——管理学技术化及其方法论［J］.管理学报，2011，8（6）：796-784.

［68］吕力，韩魏，曹振杰，孙继伟，刘祯，邓中华，丛龙峰.共议管理学（二）——对《再问管理学》的回应［J］.管理学报，2013，10（7）：967-971.

［69］吕力.后实证主义视角下的管理理论、实践与观念［J］.管理学报，2015，12（4）：469，476.

［70］吕力.中国管理实践问题与管理的实证理论和规范理论［J］.管理学报，2013，10（2）：191-198.

［71］李全生.布迪厄的文化资本理论［J］.东方论坛，2003（1）：8-12.

［72］陆鹏飞.布迪厄惯习概念研究［D］.黑龙江大学硕士学位论文，2009.

［73］马庆国，徐青，廖振鹏，张彩江.知识转移的影响因素分析［J］.北京理工大学学报（社会科学版），2006（1）：40-43.

[74] 马妍，刘金荣，于灏. 基于因子分析的科技成果转化效益评价——以山东省为例 [J]. 企业经济，2014（8）：153-157.

[75] 明茨伯格·H. 管理者而非 MBA [M]. 杨斌译. 北京：机械工业出版社，2005：2-31.

[76] 彭贺. 作为研究者的管理者：链接理论与实践的重要桥梁 [J]. 管理学报，2012，9（5）：637-641.

[77] 彭贺，顾倩妮. "直面中国管理实践"的内涵与路径 [J]. 管理学报，2010（11）：1665-1670.

[78] 彭贺. 管理研究与实践脱节的原因以及应对策略 [J]. 管理评论，2011，23（2）：122-128.

[79] 彭贺. 严密性和实用性：管理学研究双重目标的争论与统一 [J]. 外国经济与管理，2009，31（1）：9-15.

[80] 彭启福. 理解与实践——对理论与实践关系的一种诠释学反思 [J]. 合肥师范学院学报，2010（2）：49-53，97.

[81] 皮埃尔·布迪厄，华康德. 实践与反思——反思社会学导论 [M]. 北京：中央编译出版社，1998.

[82] 戚安邦，高跃. 管理实际问题与理论研究脱节及滞后模型研究 [J]. 科学学与科学技术管理，2014，35（8）：11-17.

[83] 齐善鸿. 道本管理：中国企业文化纲领 [M]. 北京：中国经济出版社，2007：184-189.

[84] 邱高会，郭军. 论我国科研活动主体的层次性 [J]. 科学管理研究，2004（5）：93-95.

[85] 秦广强，张雨红. 权力研究的后现代转向 [J]. 中共浙江省委党校学报，2008（4）：21-25.

[86] 饶征. 以效能为核心的人力资源系统运营与整合 [J]. 中国人力资源开发，2013（21）：19-25.

[87] 孙继伟. 论管理学界的价值迷失——实践迷失和客户迷失的深化研究 [J]. 管理学报，2010，7（8）：1117-1122.

[88] 孙继伟. 化解管理理论与实践脱节的两种模式 [J]. 管理学报，2012，9（10）：1418-1421，1429.

[89] 孙继伟. 管理理论与实践脱节的界定依据、深层原因及解决思路 [J]. 管理学报, 2009 (9): 14-17.

[90] 孙继伟. 管理学研究者客户迷失的判定、原因及出路 [J]. 管理学报, 2009, 6 (12): 1588-1596.

[91] 孙继伟. 论管理学界的研究方法迷失——实践迷失、客户迷失、价值迷失的继续研究 [J]. 管理学报, 2011, 8 (2): 164-172.

[92] 孙继伟. 论实践派管理理论的评价 [J]. 管理学报, 2011, 8 (6): 805-810.

[93] 孙作玮, 陈航, 黄青. 基于双模糊度层次分析法的反鱼雷鱼雷作战效能指标权重确定 [J]. 鱼雷技术, 2015, 23 (3): 227-231.

[94] 谭大鹏, 霍国庆. 知识转移一般过程研究 [J]. 当代经济管理, 2006 (3): 11-14, 56.

[95] 唐炎华, 石金涛. 国外知识转移研究综述 [J]. 情报科学, 2006 (1): 153-160.

[96] 唐炎华, 石金涛. 我国知识型员工知识转移的动机实证研究 [J]. 管理工程学报, 2007 (1): 29-35.

[97] F. W. 泰罗. 科学管理原理 [M]. 胡隆昶译. 北京: 中国社会科学出版社, 1984: 257.

[98] 托马斯·彼得斯, 罗伯特·沃特曼. 追求卓越——美国优秀企业的管理圣经 [M]. 天下风经济文化研究所译. 北京: 中央编译出版社, 1999.

[99] 王开明, 万君康. 论知识的转移与扩散 [J]. 外国经济与管理, 2000 (10): 2-7.

[100] 王娟. 组织内部知识共享过程中的影响因素分析 [J]. 情报科学, 2012 (7): 993-998.

[101] 王军, 查永军. 布尔迪厄社会学思想的教育启示 [J]. 当代教育科学, 2010 (15): 7-9.

[102] 王利平. "中魂西制"——中国式管理的核心问题 [J]. 管理学报, 2012 (4): 473-480.

[103] 魏国敏, 陈兆仁, 李玥等. 基于 ISM 的应急投送保障基地综合效能指标体系研究 [J]. 军事交通学院学报, 2014, 16 (8): 60-64.

［104］吴洪富. 大学场域变迁中的教学与科研关系［D］. 华中科技大学博士学位论文，2011.

［105］魏江，王铜安. 个体、群组、组织间知识转移影响因素的实证研究［J］. 科学学研究，2006（1）：91-97.

［106］王开明，万君康. 论知识的转移与扩散［J］. 外国经济与管理，2000（10）：2-7.

［107］王洁宁，郑国强，李端杰，方景敏. 基于效能评价的城市绿化现状调查方法研究［J］. 小城镇建设，2013（10）：56-60.

［108］王小迪，陆晓芳. 高科技企业人力资源管理效能研究［J］. 社会科学战线，2012（4）：261-262.

［109］王洪玉. 超越结构与能动性的二元对立——布迪厄社会实践理论浅述［J］. 甘肃高师学报，2010（1）：129-133.

［110］吴永功. 城市群内政府间合作困境研究——基于布迪厄场域理论的分析［D］. 山东大学硕士学位论文，2009.

［111］奚雷，彭灿. 战略联盟中组织间知识转移的影响因素与对策建议［J］. 科技管理研究，2006（3）：166-169.

［112］肖知兴. 行在山脊：中国式管理的挑战和领教工坊的实践［J］. 管理学报，2017，14（9）：1292-1297.

［113］肖飞，张建. "场域—惯习"视角下的群体性"冷漠行为"［J］. 湖南工业职业技术学院学报，2013，13（2）：58-60.

［114］肖小勇，文亚青. 组织间知识转移的主要影响因素［J］. 情报理论与实践，2005（4）：355-358.

［115］徐淑英，张志学. 管理问题与理论建立：开展中国本土管理研究的策略［J］. 南大商学评论，2005（4）：1-18.

［116］夏福斌. 管理学术期刊的职责和使命——基于管理研究与实践脱节的分析［J］. 管理学报，2014（9）：1287-1293.

［117］席酉民，肖宏文，郎淳刚. 管理学术与实践隔阂：和谐管理的桥梁作用［J］. 管理科学学报，2008，11（2）：1-11.

［118］徐占忱，何明升. 知识转移障碍纾解与集群企业学习能力构成研究［J］. 情报科学，2005（5）：659-663.

[119] 闫朋. 布迪厄司法场域理论探析 [D]. 西南政法大学硕士学位论文，2012.

[120] 应洪斌，陈壁辉. 绩效考核的十大误区 [J]. 华东经济管理，2005，19（6）：95-97.

[121] 严震宇，张仕平. 从场域视角看国有企业产权改革——对一家国企改革的实证分析 [J]. 北方论丛，2006（2）：129-132.

[122] 杨霞，高灵，李雯. 家长式领导对知识转移绩效影响的探索式案例研究 [J]. 科技进步与对策，2016（17）：145-152.

[123] 岳敏，许新. "场域—惯习"理论下"感情常在"与"人走茶凉"的比较 [J]. 法制与社会，2009（11）：235-237.

[124] 闵祥晓. 管理理论的丛林现象解析及其体系重构 [J]. 电子科技大学学报，2014，16（4）：53-56.

[125] 阎光才. 学术认可与学术系统内部的运行规则 [J]. 教育体制与结构，2007，28（4）：21-28.

[126] 袁同成. 我国学术评价制度的变迁逻辑考察：基于学术场域与权力场域互构的视角 [J]. 华中科技大学学报，2012（5）：112-117.

[127] 曾华. 论大学场域的遮蔽 [J]. 扬州大学学报，2008，12（4）：7-10.

[128] 张超. 法院调解：当事人"理性对话"的权利场域 [J]. 山东科技大学学报，2011，13（5）：38-42.

[129] 左美云. 企业信息化主体间的六类知识转移 [J]. 计算机系统应用，2004（8）：72-74.

[130] 朱亚丽. 基于社会网络视角的企业间知识转移影响因素实证研究——以国内通信电源产业为例 [D]. 浙江大学博士学位论文，2009.

[131] 赵瑞美. 人力资源管理效能研究述评 [J]. 科技管理研究，2009，29（10）：433-437.

[132] 赵家祥. 理论与实践关系的复杂性思考——兼评惟实践主义倾向 [J]. 北京大学学报（哲学社会科学版），2005（1）：5-11.

[133] 周平. 走出企业流程再造的误区 [J]. 经济与管理，2002（12）：25-26.

[134] 周国华，马丹，徐进，任际范. 组织情境对项目成员知识共享意愿的影响研究 [J]. 管理评论，2014（5）：61-70.

[135] 张幼铭，徐贤春，陆旭东. 高校管理效能的影响因素及提升策略研究 [J]. 高等工程教育研究，2007（5）：82-85.

[136] 周晓东，项保华. 企业知识内部转移：模式、影响因素与机制分析 [J]. 南开管理评论，2003（5）：7-10，15.

[137] 周建波. 当代中国管理实践与理论研究的情境模式 [J]. 理论探讨，2012（4）：82-86.

[138] 张玉利. 管理学术界与企业界脱节的问题分析 [J]. 管理学报，2008（3）：336-339，370.

[139] 张尚仁. 行政职能、功能、效能、效率、效益辨析 [J]. 广东行政学院学报，2003，15（1）：20-24.

[140] 张怡. 文化资本 [J]. 外国文学，2004（4）：61-67.

[141] 张萍. 布迪厄社会实践理论对我国思想政治教育的借鉴意义研究 [D]. 东南大学硕士学位论文，2012.

[142] 张静，罗文豪，宋继文等. 中国管理研究国际化的演进与展望——中国管理研究国际学会（IACMR）的发展范例与社群构建 [J]. 管理学报，2016，13（7）：947-957.

[143] 章凯，罗文豪. 中国管理实践研究的信念与取向——第7届"中国·实践·管理"论坛的回顾与思考 [J]. 管理学报，2017，14（1）：1-7.

[144] Andercon N., Herroit P., Hodgkinson G. P. The Practitioner-Researcher Divide in Industrial Work and Organizational (IWO) Psychology: Where Are We Now, and Where Do We Go from Here [J]. Journal of Occupational and Organizational Psychology, 2001 (74): 391-411.

[145] Argyris C., Puttanm R., Diana McLain Smith. Action Science [M]. San Francisco: Jossey-Bass, 1982: 82.

[146] Bansal P., Bertels S., Ewart T., et al. Bridging the Research-Practice Gap [J]. Academy of Management Perspectives, 2012: 73-92.

[147] Bass B. M. Leadership and Performance beyond Expectations [M]. New York: Free Press, 1985: 16-20.

[148] Beer M. Why Management Research Findings Are Un-implementable: An Action Science Perspective [J]. Reflections, 2001, 2 (3): 58-65.

[149] Bennisw G., James O. How Business Schools Lost Their Way [J]. Harvard Business Review, 2005, 83 (5): 96-104.

[150] Cameron K. S., Quinn R. E. Diagnosing and Changing Organizational Culture: Based on the Competing Values Framework [M]. MA: Addison-Wesley, 1999: 86-118.

[151] Choo A. S., Linderman K., Schroeder R. G. Method and Context Perspectives on Learning and Knowledge Creation in Quality Management [J]. Journal of Operation Management, 2007, 25 (4): 918-931.

[152] Davenport T. H., Prusak L. Working Knowledge: How Organizations Manage What They Know [M]. Cambridge, MA: Harvard Business School Press, 1998: 17-18.

[153] Darr E. D., Kurtzberg T. R. An Investigation of Partner Similarity Dimensions on Knowledge Transfers [J]. Organizational Behavior and Human Decision Processes, 2000 (82): 28-44.

[154] Dimaggio P., Powell W. The Iron Cage Revisited: Institutional Isomorphism and Collective Rationality in Organizational Fields [J]. American Sociological Review, 1983, 48 (2): 147-160.

[155] Fendt J., Kaminska L., Sachsw M. Producing and Socializing Relevant Management Knowledge: Return to Pragmatism [J]. European Business Review, 2008, 20 (6): 471-491.

[156] Hosha L. S. Bad Management Theories Are Destroying Good Management Practices [J]. Academy of Management Learning and Education, 2005, 4 (1): 75-91.

[157] Garavelli A. C., Gorgoglione M. and Scozzi B. Managing Knowledge Transfer by Knowledge Technologies [J]. Technovation Journal, 2000 (22): 269-279.

[158] Gibb S. Organizational Learning and the Learning Organization: Developments in Theory and Practice // Organizational Learning and the Learning

Organization [M]. Sage Publications, 2000: 267-272.

[159] Gibbons M., Bjarnason S. Process Evaluation in Research Management [J]. International Journal of Technology Management and Sustainable Development, 2005, 4 (3): 167-188.

[160] Gummesson E. Qualitative Nethods in Management Research [M]. Sage Publicstions, 2006: 92-97.

[161] Hackman J. R. Anormative Model of Work Team Effectiveness [M]. New Haven CT: Yale University, 1983.

[162] Jarzabkow Skip, Whitting Tonr. Directions for a Troubled Discipline: Strategy Research, Teaching and Practice [J]. Journal of Management Inquiry, 2008, 17 (4): 266-268.

[163] Jensen R., Szulanski G. Stickiness and the Adaptation of Organizational Practices in Cross-border Knowledge Transfers [J]. Journal of International Business Studies, 2004, 35 (6): 508-523.

[164] Kim S., Lee H. The Impact of Organizational Context and Information Technology on Employee Knowledge-Sharing Capabilities [J]. Public Administration Review, 2006, 66 (3): 370-385.

[165] Kirkpatrick S. A., Locke E. A. Direct and Indirect Effects of Three Core Charismatic Leadership Components on Performance and Attitude [J]. Journal of Applied Psychology, 1996 (1): 36-51.

[166] Kotler P., Lee N. Corporate Social Responsibility: Doing the Most Good for Your Company and Your Cause [M]. New Jersey: John Wiley & Sons, Inc., 2005: 1-30.

[167] Kelemen M., Bansal P. The Conventions of Management Research and Their Relevance to Management Practice [J]. British Journal of Management, 2002, 13 (2): 97-108.

[168] Lahti R. K., Beyerlein M. M. Knowledge Transfer and Management Consulting: A Look at "the Firm" [J]. Business Horizons, 2000, 43 (1): 65-74.

[169] Magretta J., Stone N. What Management Is [M]. The Sagalyn

Literary Agency, 2002: 8-9.

[170] Peter F. Dureker. The Effective Executive [M]. Mechanical Industry Press, 2009: 1-53.

[171] Pfeffer J., Fong C. T. The End of Business Schools? Less Success Than Meets the Eye [J]. Academy of Management Learning & Education, 2002, 1 (1): 78-95.

[172] Robbins S. P. Reconciling Management Theory with Management Practice [J]. Business Horizons, 1977, 2 (2): 181-195.

[173] Singley M. K., Anderson J. R. Transfer of Cognitive Skill [M]. Harvard University Press, 1989: 168-184.

[174] Szulanski G. Exploring Internal Stickness: Impediments to the Transfer of Best Practice within the Firm [J]. Strategic Management Journal, 1996 (17): 27-44.

[175] Sari H. Knowledge Management in Its Context: Adapting Structure to a Knowledge Creating Culture [J]. International Journal of Commerce and Management, 2005, 15 (2): 113-128.

[176] Schein E. H. Organizational Culture and Leadership [M]. Jossey-Bass Inc., Calidornia, 1985: 5-9.

[177] Shaoirod L., Kirkmanb L., Courtneyh G. Perceived Causes and Solution of the Translation Problem in Management Research [J]. Academy of Management Journal, 2007, 50 (2): 249-266.

[178] Simon H. A. The Business School: A Problem in Organization Design [J]. The Journal of Management Studies, 1967, 4 (1): 1-16.

[179] Susman G. I., Everd R. D. An Assessment of the Scientific Merits of Action Research [J]. Administrative Science Quarterly, 1978, 23 (6): 582-603.

[180] Szulanski G. The Process of Knowledge Transfer: A Diachronic Analysis of Stickiness [J]. Organizational Behavior and Human Decision Processes, 2000, 82 (1): 9-27.

[181] Szulanski G., Cappetta R., Jensen R. J. When and How Trustworthiness Matters: Knowledge Transfer and the Moderating Effect of Causal Ambiguity

[J]. Organization Science, 2004, 15 (5): 600-613.

[182] Teece D. J. Technology Transfer by Multinational Firms: The Resource Cost of Transferring Technological Know-How [J]. Economic Journal, 1977, 87 (6): 242-261.

[183] Tranfiel D. D., Denyer D. P. Towards a Methodology for Developing Evidence-Informed Management Knowledge by Means of Systematic Review [J]. British Journal of Management, 2003 (14): 207-222.

[184] Tushman M., O'reillyiii C. Research and Relevance: Implication of Pasteurs Quadrant for Doctoral Programs and Faculty Developments [J]. Academy of Management Journal, 2007, 50 (4): 769-774.

[185] Vanken J. E. Management Research Based on the Paradigm of the Design Sciences: The Quest for Field-Tested and Grounded Technological Rules [J]. Journal of Management Studies, 2004, 41 (2): 219-246.

[186] Van De Ven A. H., Hnson P. E. Knowledge for Theory and Practice [J]. Academy of Management Review, 2006, 31 (4): 802-821.

[187] Whitley R. The Scientific Status of Management Research as a Practically-Oriented Social Science [J]. The Journal of Management Studies, Maryland, MD, 1984, 21 (4): 369-390.

[188] Weick K. Gapping the Relevance Bridge: Fashions Meet Fundamentals in Management Research [J]. British Journal of Management, 2001 (12): 71-75.

[189] Whitley R. The Scientific Status of Management Research as a Practically-Oriented Social Science [J]. The Journal of Management Studies, Maryland, MD, 1984, 21 (4): 369-390.

后　记

　　"一个充分的现实模型必须考虑这一模型与行动者的实践经验之间的距离，这种模型能使它所描述的社会机制在行动者不知不觉的'默契合作'下发挥作用。"这是法国社会思想大师皮埃尔·布迪厄在回答美国社会学家华康德有关社会科学构建的理论是否必须包含"说明理论与实践的鸿沟的理论"时提出的开宗明义的观点。这段有关研究者（布迪厄有"学术人"的称谓和专论）与社会现实之间的有趣讨论，在我读社会学硕士时似懂非懂，但其反思社会科学的"思想之光"一直在影响和鞭策着我。当我跨入管理学科领域，尤其是转到地方挂职工作后，真切而生动地面对与感受了管理研究与企业实践、研究者与实践者之间的知行断离和行知杂糅的现实，更深切地认识到布迪厄社会理论对于认识管理学科、管理知识生产与管理实践关系的价值。

　　这种认识和理解得到同行专家的肯定与鞭策，于是有此省社科重点项目以及后来的教育部课题。然而，管理研究与实践的关系问题本身就是一个永恒多解的话题，研究讨论已经很深，继续探讨难度颇大，从一个跨学科视角来分析讨论虽有一定新意，但能有什么成果，绝不敢妄言。不管结果如何，先行动再说——正所谓行者无疆。几年来，研究团队带领研究生探讨此既现实却又坚深的课题，先后有了3篇硕士论文和3篇核心期刊论文。本书亦是在这些成果的基础上，进一步架构、整合和论述而形成的著述。我们尝试能够成为"说明管理理论与实践的鸿沟的理论"，但很可能本书学术稚嫩，与此距离尚远。当然，我所能确信的是，这个著述用新的角度或指标——场域惯习、效能指标——回答了"如何认识管理研究和实践的距离"、"好的管理理论（知识）就接实践地气吗"、"什么特征的管理研究能更接地气（有效能）"等问题。希望有兴趣的读者能从中有所启发，提出批评，一起为管理的中国理论和中国管理学科的发展做出贡献。

　　本书是课题组集体智慧的结晶，书中图表除注释外均为作者自制或改编。我的研究生李洪涛、崔明召、厉超在前期的研究中功不可没，他们大都接受了"命题作文"，勇气可嘉，能力可赞！课题组的毛淑珍、刘明、陈敏、邓里文、魏龙吉等在研究过程乃至成书阶段都付出了自己的努力。本书最后成文也是集体讨论和写作的成果，基本的分工如下：

　　第一章　导论（乐国林）

　　第二章　管理研究与实践互动关系的理论基础（毛淑珍、陈公行）

　　第三章　管理研究与实践的场域主体分析（陈敏、乐国林）

　　第四章　管理研究与实践的场域结构关系（乐国林、毛淑珍）

　　第五章　管理研究成果向实践场域转化的效能关系探索（乐国林、陈敏）

　　第六章　管理研究与实践关系的场域效能难题分析（魏龙吉、刘明）

　　第七章　增强管理研究与实践互动关系的对策建议（刘明、毛淑珍）

　　第八章　结论、创新点与展望（乐国林）

　　我的研究生厉超、李洪涛、崔明召，其硕士论文的部分成果在本书前七章均有体现，部分研究生虽然没有以此作为硕士论文，但积极参与了这项研究乃至部分内容的写作，如李广睿（第三章）、高艳（第二章）、王菲（第六章）、张新颖（第七章）。另外，高艳和王菲同学参与了最后的校稿和文献梳理工作。

　　本书在研究过程中也参考和引述了许多学者的真知灼见，在此表示敬意与感谢！感谢博士后合作导师，知名管理学家陈春花教授将我引入领先企业成长和实践导向管理研究领域，让我对这两个领域一直保持兴趣。感谢金蝶集团创始人徐少春主席为我创造的机会和大力推荐。感谢师友曹仰峰教授的欣然致序推荐。本书出版也得到了青岛市高职重点项目的支持与帮助，在此表示感谢！衷心感谢经济管理出版社的申桂萍主任，她在本书出版阶段给予了鼎力支持，使本书能够顺利付梓。最后，感谢我的妻子在我挂职工作期间对家庭内外的一切付出。

乐国林

2017 年 9 月 17 日于运河临清